¡VIVE!

CÓMO APROVECHAR AL MÁXIMO TU JUVENTUD

-7iMMY ΦST-

T0340750

¡VIVE!

CÓMO APROVECHAR AL MÁXIMO TU JUVENTUD

-7iMMY OST-

La misión de Editorial Vida es ser la compañía líder en satisfacer las necesidades de las personas, con recursos cuyo contenido glorifique al Señor Jesucristo y promueva principios bíblicos.

¡VIVE! Cómo aprovechar al máximo tu juventud
Edición en español publicada por
Editorial Vida – 2013
Miami, Florida

Edición: *Wendy Bello*
Diseño interior: *Luvagraphics*

ISBN: 978-08297-6183-2

CATEGORÍA: Ministerio cristiano / Juventud

IMPRESO EN ESTADOS UNIDOS DE AMÉRICA
PRINTED IN THE UNITED STATES OF AMERICA

13 14 15 16 17 ❖ 6 5 4 3

PRÓLOGO

Todos queremos tener una historia y contarla. Las redes sociales se han convertido en el vehículo a través del cual escribimos y editamos nuestra historia. Empezamos a contarla a través de nuestro perfil: Quién soy, de dónde soy, qué música me gusta escuchar, qué libros me gusta leer. Publicamos las fotos que van de acuerdo con la historia que estamos contando. ¡Soy alegre! ¡Soy misterioso! ¡Soy atrevido! ¡Soy valiente! ¡Soy espiritual! Y cada twit, cada publicación, se convierte en un capítulo más de esa historia. Esto suena bien, pero si somos honestos, aceptaremos que esa historia no siempre es la más real y en la soledad de nuestra habitación, al frente de nuestra computadora, luchamos con temor e inseguridad, sabiendo que no estamos viviendo la historia que nos gustaría vivir.

A través de las páginas de este libro Timmy nos invita a ¡VIVIR! A vivir nuestra historia en la vida real, y vivirla a toda velocidad y a todo volumen. Una historia en la que jugamos el rol protagónico porque Dios la diseñó para nosotros. Un libreto original en el que no estás repitiendo la historia de nadie, sino viviendo la tuya propia.

Con historias fascinantes, llenas de emoción y energía, Timmy provoca tensión en nuestros corazones e inyecta pasión y chispa para llevarnos a la acción.

Para vivir esta vida, para escribir esta historia, es necesario el riesgo y la aventura, y aunque habrá momentos difíciles, debes gritar más fuerte que el dolor.

Creo que la lectura de este libro puede ser la antesala a una vida intensa y llena de significado.

Aunque vivo intensamente y mi esposa me dice que trabajo mucho, este libro me motivó a ponerle más combustible a mis sueños, a no desmayar y seguir escribiendo mi historia.

Léelo y empieza a vivir.

Jesús Adrián Romero

¡VIVE! HAZ MÁS QUE SOLO SOBREVIVIR

EL DÍA ES HOY PARA VIVIR,
LLEGÓ TU MOMENTO DE BRILLAR.
LA HORA ES YA DE EXISTIR,
HACIENDO HISTORIA VAMOS A GRITAR.

PUEDES SENTIR QUE SU PODER ESTÁ EN TI,
Y PUEDES ACTUAR DEJANDO EL MIEDO ATRÁS.
SI LISTO ESTÁS:
EN SUS MARCAS, LISTOS, ¡FUERA!

TUS OJOS EN LA META ESTÁN
DE FRENTE A PASO FIRME Y FUERTE.
NUNCA TE CANSES DE LUCHAR,
QUE EL MUNDO NOTE EL DÍA DE TU MUERTE.

VIVE HOY POR AMOR,
SIENTE EL LATIR DEL CORAZÓN.
QUE TU VOZ CAMBIE HOY,
QUE TUS HECHOS DIGAN MÁS QUE TUS
PALABRAS.

DESPIERTA CON VALOR,
GRITA MÁS FUERTE QUE EL DOLOR.
LLENO DE VIDA ESTOY.

POR: TIMMY OST, GOGO GUERRERO, IZAHY ZALAZAR, MARTIN MALDONADO Y DANIEL TOLENTINO.

CONTENIDO

...APROVECHANDO AL MÁXIMO CADA MOMENTO...

Efesios 5:16a

En una cabaña fría, alumbrada por unos cuantos troncos que escasamente destilaban un poco de luz, sus ojos apenas se abrían por casi no dormir esa noche. Eran las 4 de la mañana y hacía frío en las montañas del Himalaya, en la frontera entre Nepal e India. Fueron semanas muy duras, lejos de su casa, familia, amigos… Pero la aventura y la misión a cumplir en aquellas tierras eran inminentes. Ese día, un grupo de jóvenes tomaron sus mochilas gigantescas, las pusieron sobre sus espaldas y se alistaron para partir de regreso a la ciudad. Era un grupo de 14 jóvenes con una sola ambición: «Cambiar al mundo, hacer historia»; y esto los llevó a viajar hasta el otro lado del planeta.

Ya listos para dejar esa pequeña aldea, abrieron la puerta de la choza donde estaban y, mientras el humo y el calor se escapaban del lugar, se despidieron de sus amigos. Comenzaron a caminar por una vereda angosta alumbrada solo por las lámparas que tenían en su cabeza. Lo hacían a paso rápido, ya que tenían que llegar a tiempo para tomar el tren que los llevaría por toda la frontera.

Después de un par de horas de caminar, llegaron a la estación de ferrocarril, donde supieron que su próximo viaje sería de 24 horas sin poder bajarse del tren. Compraron los boletos y mientras esperaban la llegada del tren se preguntaban: «*qué vamos a hacer tanto tiempo en una caja de metal con ruedas*». Todavía estaban haciendo el plan de viaje cuando escucharon a lo lejos el ruido que anunciaba la salida. Al llegar el tren quedaron sorprendidos porque era muy viejo... ese mismo tren había sido utilizado en algunas misiones de la Segunda Guerra Mundial. Parecía que no iba a sobrevivir más que unas cuantas horas de viaje.

El grupo se tuvo que dividir en dos, pues no cabían todos en el mismo vagón. El tren estaba atestado y sobrevendido, tanto que en un vagón para 150 personas viajaban más de 400. Rápidamente eligieron un líder para cada equipo y se subieron mientras la locomotora comenzaba a moverse. Locura total dentro del vagón número 42 aproximadamente, donde continúa nuestro relato.

Un pasillo de 50 centímetros dividía los cuatro pisos de literas donde viajaban de 3 a 4 personas por cama; así que estos jóvenes intrépidos buscaron un pequeño espacio para sobrevivir las próximas 24 horas encerrados en aquella gran caja de metal que apenas se movía.

El frío de la montaña pronto se perdió por el calor humano que asfixiaba el vagón. El paisaje de la ventana cambiaba lentamente por la diferencia de altura en la travesía, mientras platicaban, cantaban y evaluaban su tiempo durante la última semana en la cual habían estado en hospitales, orfanatorios, escuelas, etc., aprendiendo que vivir para otros es una vida excelente.

Al caer la noche, poco a poco se fue silenciando el vagón y justo entonces un par de jóvenes que eran grandes amigos comenzaron a platicar sobre el significado de la vida y el precio a pagar para ser trascendentes y dejar una huella en la historia de la humanidad. Cuando lo ves desde afuera, parece una aventura imposible llegar a ser un factor de cambio que afecte positivamente el camino de toda la raza humana. Pero en ese momento es cuando descubrimos que todo ser humano tiene miedo a que su vida sea insignificante.

En medio de la falta de aire y el calor húmedo que creaba un bochorno casi insoportable en lo profundo de la noche, se quedaron dormidos en el piso entre mochilas, cajas y costales. Es muy probable que sus sueños esa noche tuvieran que ver con aquella conversación que incomodó su corazón, e incentivó sus mentes y las ganas de ser alguien en la vida.

La noche fue una de las más largas e incómodas de sus vidas. El golpeteo de las vías era un ruido imposible de olvidar, así como el constante movimiento de las personas a su alrededor. Si alguien se paraba a ir al baño en la parte de atrás, un cuarto de 70 cm por un metro y cuya puerta no cerraba bien, otro se reacomodaba mientras dormía y te daba una patada en el estómago, o quizá te llegaba un olor extraño de una combinación entre comida echada a perder y sudor comunitario. A pesar de todo, el cansancio de las últimas semanas era tanto que cayeron en un sueño profundo.

Unas horas después, cuando el sol comenzaba a salir, llegó un olor muy fuerte a especias… el único olor agradable durante este viaje, aunque raro y desconocido. Era un aroma que comenzó a despertar a los inquilinos del vagón. Pronto pasó una señora con una jarra de metal muy vieja y sucia ofreciendo una taza de Chai auténtico y caliente por un costo bajo. En ese momento la idea de compartir cinco o seis tazas entre toda la gente —y de usarlas sin lavar, solo pasándolas de una persona a la otra, más el asco de compartir saliva con gente desconocida— se veía borrosa frente a las ganas de descubrir un sabor totalmente desconocido. Y así fue. Esa taza de té contenía un rango de sabores inolvidables, tan fuerte en especias y a la misma vez muy suave por la leche fusionada… una taza de té inolvidable.

Pero la realidad de ese gran momento termino rápidamente cuando se dieron cuenta de que solo llevaban una tercera parte del viaje. De modo que buscaron algunas actividades que hacer: leyeron la Biblia un rato, discutieron lo que habían aprendido, escribieron las lecciones y aventuras de los últimos días en sus diarios, contaron a la gente en el vagón, les inventaron nombres a todos a su alrededor.

De repente se comenzó a oír una flauta que emitía frecuencias muy agudas y fastidiosas que producían una melodía muy peculiar. El vagón comenzó a silenciarse y justo allí apareció por un extremo un personaje masculino ya avanzado en edad. Sobre su cabeza un turbante muy desgastado, una barba impresionantemente larga y enredada que parecía una rasta gigante. Mientras tocaba y avanzaba, se acercó a donde estaban estos muchachos y justo frente a ellos se sentó cruzando las piernas, bloqueando el pasillo. Siguió tocando mientras bajaba una canasta que llevaba enredada en su espalda.

Uno de los jóvenes por fin había logrado caer en un sueño profundo e ignoraba por completo todo lo que estaba sucediendo. Sin embargo, por el extraño ruido comenzó a abrir los ojos lentamente. Sorprendido se llenó de pánico al ver a menos de 30 centímetros de su cara una víbora, una Cobra Real, «Naja Naja» como ellos le llamaban. Se elevaba y deslizaba por el aire alejándose y acercándose a él; era de un color entre amarillo y castaño. Se quedó sin palabras ante el impacto de despertar con esa imagen. Entre tanto, el hombre tocaba la flauta, domaba e hipnotizaba a aquella feroz y venenosa fiera; buscaba espacios para sorprenderla, darle manotazos justo cuando esta ensanchaba el área de su cabeza y así provocarla a la agresión de manera que domarla fuera más complicado. Cuando eso sucedía la víbora tiraba mordidas, entonces se veían sus colmillos que parecían jeringas mortales, y sacaba su lengua negra puntiaguda buscando una víctima. El hombre tocaba más fuerte y golpeaba con más intensidad hasta que la cobra se volvió incontrolable y rozaba constantemente al joven que nunca había despertado viendo una amenaza inminente en su cara. En ese instante, el domador de víboras sutilmente tomó la tapa de la canasta y la arrojó sobre la cabeza del animal para guardarla. Sin decir más se puso de pie y continúo caminando. Más que un espectáculo parecía algún tipo de rito oriental.

Por un momento olvidaron lo incómodo de la travesía, pero al sentir sus piernas dormidas, ciertos músculos adoloridos que ni sabían que existían en su cuello, regresaron a la pesadilla que para muchos era este viaje.

El calor se acentuaba en gran manera y llegaba al punto de comenzar a quemar; al asomarse por las pequeñas ventanas, el impresionante paisaje de las montañas había quedado muy atrás, lo único que ahora veían era un caluroso desierto que destilaba arena en todas las direcciones. Ya no había qué más hacer en este vagón y las próximas horas se convirtieron en un tormento para todos en ese lugar. La gente se paraba para estirarse, otros se acostaban para intentar dormir, se sentaban de cualquier forma posible, pero nadie encontraba la manera de estar cómodos. El ruido era más agonizante al escuchar gente discutiendo en un idioma desconocido, niños llorando, supervisores del ferrocarril pasando constantemente para revisar los boletos y cada vez que pasaban encontraban gente sin boleto y se los llevaban para bajarlos en la próxima parada.

La última parada había sido a media noche. Aquel joven que recién se despertaba intentó comunicarse por señas con la gente y preguntar cuándo era la próxima parada. Lo poco que entendió fue que la próxima parada era Kolkata, su destino final. Animado por haber conseguido un poco de información, preguntó cuánto faltaba. Al recibir la respuesta su ánimo se desvaneció: ¡aún estaban a ocho horas de llegar y ya no iban a parar! Los minutos parecían horas, los segundos simulaban minutos y el recorrido era cada vez más fastidioso.

Este joven, ya desesperado, decidió caminar al final del vagón para explorar un poco y se percató de que había una puerta que faltaba. Al acercarse sintió una frescura extraordinaria. Cuando llegó a esta, bajó un par de escalones y logró sacar parte de su cuerpo para que recibiera de frente la fuerza del viento. Comenzó a respirar aire fresco y mientras disfrutaba de la vitalidad del oxígeno, recibió un golpe causado por un poste que pasó rozando al tren. La colisión del poste con su cuerpo lo desequilibró y resbaló. Quedó colgando, a punto de caerse del tren, pero logró impulsarse de regreso con una mano hacia adentro del vagón. En medio del dolor y la angustia, tirado en los escalones del tren, notó que mucha sangre cubría la parte derecha de su cuerpo y que no tenía sensación ninguna allí.

El golpe que recibió en el brazo fue tan fuerte que causó una herida profunda a la altura del codo. La sangre brotaba como una fuente incontenible. El chorro rojo del líquido que daba vida a su organismo cada vez era mayor, y como nunca antes en su vida perdía fuerza con cada segundo que pasaba. En ese momento, tirado solo en la parte de

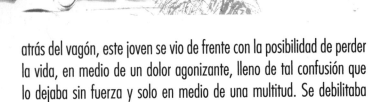

atrás del vagón, este joven se vio de frente con la posibilidad de perder la vida, en medio de un dolor agonizante, lleno de tal confusión que lo dejaba sin fuerza y solo en medio de una multitud. Se debilitaba emocionalmente.

Como pudo se puso de pie y fue a buscar a su equipo. Al caminar por el angosto pasillo la gente se alarmó por la huella de sangre que dejaba a su paso. Cuando llegó a sus amigos el escándalo fue mayor, pues no sabían qué hacer; no había médico ni primeros auxilios en el tren. En medio de la paranoia, sin limpiar o enjuagar la escalofriante herida, tomaron una sudadera e intentaron hacer un torniquete que parara el flujo de sangre. Uno de ellos fue corriendo a buscar al resto del equipo que se encontraba en otro vagón del inmenso tren.

Mientras todo daba vueltas a su alrededor, el joven lentamente sentía perder el sentido de donde estaba. Veía y sentía que la vida se escapaba con cada gota de sangre que escurría de su brazo, pero todavía luchaba en su mente con la idea de perder la vida. Era inexplicable ver ante sus ojos cómo se escapaba su vida. Una impotencia indescriptible de no poder hacer nada para salvarla. Venían a su mente tantas cosas que quería lograr, recuerdos de sueños que no pudo conseguir, sentimientos de haber desaprovechado tantas oportunidades de expresar amor a su familia y amigos…

Si estás leyendo esto es porque no eres ese joven que se encontró entre la vida y la muerte, pero tienes algo en común con él: las mismas preguntas que él se hizo esa tarde han rondado tu corazón y tu mente. Así que aprovecha la oportunidad de poder estar respirando en este momento y prepara tu corazón para enfrentar las mismas preguntas que él se hizo aquella tarde. Estas hojas impresas con estas líneas son una provocación a tu espíritu y alma para incomodarte a la acción épica que te inquietará a descubrir el significado de tu destino.

LA RAZÓN DEL LATIDO

«Siente el latir del corazón»

«…sigue en movimiento a través de las aguas turbulentas, en este laberinto es fácil perder el camino, pudiera volverte loco, pero no permitas que te perturbe de ninguna manera…».

@Matisyahu

La primera vez que vi *La guerra de las galaxias* me sentí increíblemente identificado con Luke Skywalker, por muchas cosas. Yo sentía por momentos que se habían inspirado en mis ganas de vivir al máximo para crear al personaje. Estaba identificado con su espíritu explorador, su alma de guerrero, su pasión por la gente que lo rodeaba… pero más que eso en lo que yo me sentía sincronizado con él era en su hambre por ser un héroe inesperado. La mayoría de nosotros cuando vemos una película nos vemos reflejados en algún personaje porque todos tenemos una historia que nos gustaría que el mundo conociera. En realidad, si vieras tus días como un conjunto de relatos para escribir un libreto y después producir una increíble película, ¿cómo vivirías? Toda película tiene un protagonista que, a pesar de sus debilidades, imperfecciones y errores, al final sale con los aplausos de los espectadores. Nuestra vida es mucho más que una película y por eso entendemos por qué las películas que se hacen inspiradas en historias reales tienen tanto impacto: porque en el fondo, aparte de que sea una gran historia de inspiración, te llena de esperanza al llegar a tu casa esa noche, recostar tu cabeza y comenzar a pensar en todos tus desafíos.

El deseo de contar nuestra historia surge porque nadie conoce el fondo de nuestras luchas constantes al enfrentar dolor, incertidumbre y fatiga. Es en ese punto donde nos gustaría gritar a los cuatro vientos lo que está pasando en la profundidad de nuestra existencia.

PUES TU OPORTUNIDAD ES HOY. ES HORA DE REFLEXIONAR EN EL DESEO QUE TIENES DE LLEGAR A SER EL PROTAGONISTA DE LA PELÍCULA DE TU VIDA.

Muy a menudo tomamos decisiones que nos quitan el rol protagónico y dejamos que otras circunstancias o personas nos arrebaten el papel principal de nuestra historia. Decisiones que nos llevan a perder el valor por lo que queremos ser en la vida. En algún momento de mi vida entendí algo que me marcó y que tomo en cuenta muy a menudo cuando estoy por tomar alguna decisión: «**Las decisiones difíciles determinan tu destino**». Cada día se presenta con un mundo de posibilidades para escribir la historia de nuestra vida. Si fueras a contar el día de hoy, la historia de tu vida en base a tus decisiones, ¿cuál sería el latir de tu existencia? ¿Qué es lo que le da vida al factor protagónico en tu existencia? ¿Cómo contarían tu vida hoy? Cuando nos desnudamos frente a estas preguntas nos inunda un sentimiento de frustración, porque podemos sentir que nuestro corazón comienza a latir más lento… Un sentimiento de horror total, perdemos poco a poco la motivación y nos estacionamos en la idea de que nuestra vida será mejor como una rutina sin salida, un ciclo común de existir donde nuestros sueños se convierten en una lejana ficción.

Abram fue un tipo que impactó la historia de la humanidad y lo recordamos por grandes e incontables aventuras, pero uno de los momentos más decisivos de su vida se vio marcado por una serie de malas decisiones. ¿Sabes? Tú y yo nos parecemos a Abram, nos hemos equivocado. Después de llegar a la miseria total en Egipto, él decidió corregir su camino. Génesis 13:1 dice: «Abram salió de Egipto con su esposa, con Lot y con todos sus bienes». Cuando decides salir de un lugar con todo lo que amas y todo lo que tienes queda muy claro que no tienes ni la menor idea de regresar. Eso fue lo que él decidió. «La mentira» se había convertido en el protagonista de su vida así que, antes de que fuera demasiado tarde, optó por regresar adonde pertenecía.

MIENTRAS TÚ NO SEAS EL PROTAGONISTA DEL SUEÑO QUE DIOS HA DISEÑADO PARA TI, TUS MALAS DECISIONES TE ESTARÁN ROBANDO TU DESTINO.

¿Qué es lo que tú tienes que dejar atrás para no volver nunca más? Muchas veces intentamos dejar a un lado esos malos hábitos, actitudes o acciones; es decir, intentamos solo vencer lo que nos succiona la vida. Pero intentar ganar esa batalla solo es una pérdida de tiempo… porque la soledad es una muerte lenta. Recuerda que tú tienes un lugar adonde ir, un lugar donde tu corazón se reactiva y comienza a latir con fuerza, donde las ganas de comenzar otro día crean ansia y expectativa por encontrar tu voz, descubrir el impacto que tu historia puede tener.

Mientras tú no seas el protagonista del sueño que Dios ha diseñado para ti, tus malas decisiones te estarán robando tu destino. ¿Cómo se mide la vida? De la misma manera que se mide una nación, por el poder de su historia. Atrévete a descubrir el latido de tu corazón que produce poder en tu historia.

EL LATIDO ORIGINAL

«Haciendo historia vamos a gritar»

«...no dejes que nadie intente robar tu alma; tú eres el original...».

@JonForeman

Desde hace muchos años me despierto y casi siempre cuando llega la hora de salir a enfrentar la vida, tomo una decisión de suma importancia: ¡ponerme los zapatos! Un día se me ocurrió comenzar a usar zapatos distintos en cada pie. Sí, así como te lo imaginas: un tenis negro en el pie izquierdo y uno azul en el pie derecho. Prácticamente recibo la siguiente pregunta todos los días... ¿POR QUÉ? Honestamente no sé cómo contestar. ¡Pero me gusta! Sea o no una respuesta válida, para mí ha sido una gran lección el aprender a ser auténtico en las cosas prácticas y cotidianas de todos los días. Es difícil hacer historia si vives tu vida haciendo lo que otra persona ya hizo; o si intentas incansablemente duplicar lo que hace la persona que admiras. John Bolin escribe:

"DIOS TIENE UN SUEÑO PARA CADA UNO DE NOSOTROS. TIENE UNA VISIÓN PARA QUE LA COMPLETEMOS. TIENE UN PROPÓSITO PARA EL CUAL CADA UNO DE NOSOTROS NACIMOS."

En realidad, tiene toda la razón del mundo, ¡es muy cierto! ¡Suena increíble! Solo que no sabemos cómo, cuándo, dónde.

Tenemos sueños grandes de cosas que nos gustaría hacer, incluso quizá muchos de nosotros soñamos tanto que hoy en día nos confundirían con José. Sus propios hermanos se referían a él despectivamente diciendo: «Ahí viene ese soñador» (Génesis 37:19). Los grandes soñadores de la historia son malinterpretados, objeto de burla constante; pero la realidad es que esta es la gran diferencia entre la mediocridad en la vida y el cumplir a plenitud el sueño de Dios para tu vida. José soñó en grande y se convirtió en el héroe que salvó a toda su familia. Pero se mantuvo genuino a lo largo de su travesía. Entender que estás aquí en

la tierra para cumplir un sueño específico que nadie más que tú puede lograr debe impulsarte a explorar las posibilidades de tus ideas e iniciativas. Que tu creatividad te lleve a ser ORIGINAL. No seas una mala copia de alguien. Estás diseñado con un código específico y único, cuando te desvías de tu diseño original pierdes el sentido que te lleva a lograr algo trascendente.

Marcos Vidal nos cuenta magistralmente una historia que prueba este punto, con una canción acerca de la vida de un payaso. Él dice: «*Le parecía ridículo pintarse la nariz, lucía mucho más un salto mortal*». Hacer historia no depende de lo que quieras hacer, sino de lo que fuiste diseñado para hacer. Cuando descubres para qué eres bueno comienzas a causar un impacto a tu alrededor.

Desde la primaria comencé a jugar baloncesto y me apasionaba tanto que a lo largo de los años me llegó a enajenar la idea de que tenía que llegar a ser el mejor basquetbolista del mundo. Así que comencé a estudiar los movimientos de los mejores de todos los tiempos, tanto que en la preparatoria entrenaba de 6 a 8 horas diarias. Y en realidad llegué a ser muy bueno, gané muchos campeonatos, logré muchas metas... pero no fui el mejor del mundo. Quizá lo hubiera logrado, pero en algún momento descubrí algo que me apasionaba más que el baloncesto.

Dios es el mayor interesado en hacer historia a través de tu vida; sin embargo, es importante que estés dentro de lo que él tiene en mente para ti. Las distracciones, e incluso las aspiraciones desenfocadas, nos llevan a perder mucho en el camino. Llegamos a perder tiempo y poco a poco se pueden convertir en valiosos años desperdiciados. Perdemos agilidad en las capacidades que tenemos, incluso perdemos relaciones valiosas que nos aman y apoyan. Si has perdido algo, ¡hoy es un buen día para dejar de lamentarlo, ir en busca de ello y lanzarte a la encomienda de redimirlo! ¿Recuerdas cuando Indiana Jones en *La última cruzada* tuvo que hacer lo imposible por redimir aquella copa que tenía el potencial de cambiar el destino de toda una civilización? Hoy es tu tiempo de ir hasta las últimas consecuencias para redimir lo que hayas perdido en el camino.

Pablo nos incomoda con una frase que les escribió a los efesios diciéndoles: «*Así que tengan cuidado de su manera de vivir. No vivan como necios sino como sabios, aprovechando al máximo cada momento oportuno, porque los días son malos*» (Efesios 5:15-17). ¿Una advertencia o una invitación? Las dos. Cuando descuidamos nuestra manera de vivir lo podemos perder todo, pero salir a buscar lo que hemos perdido en el camino nos deja una lección para toda la vida: vivir al máximo y aprovechar cada oportunidad. Así que despierta todos los días con una colosal expectativa. Redimir lo perdido es sentir que el corazón vuelve a latir. Ya sea que estés listo o no, algo va a suceder.

TIENES DOS OPCIONES: VER O HACER HISTORIA. NO TE ENGAÑES, CUMPLIR TUS SUEÑOS NO TE GARANTIZA IMPACTAR LA HISTORIA; PERO CUMPLIR EL SUEÑO QUE DIOS TIENE PARA TI SEGURO TE LLEVARÁ A SER PARTE DE AQUELLOS SUPERHÉROES QUE DIOS UTILIZA PARA TRANSFORMAR VIDAS Y MOLDEAR LA HISTORIA.

En la Biblia encuentro tres cosas que tienen en común todos aquellos que al cumplir sus sueños hicieron historia. Vivieron una vida espiritual intensa al incluir al Espíritu de Dios en cada punto de su agenda. Tenían una pasión inextinguible por la Biblia, la cual se convirtió en el GPS que los ayudó a llegar a su destino. Y se rodearon de las personas correctas, las cuales les inyectaban visión y esperanza. Comenzamos este capítulo con la inquietud de hacer historia y las interrogantes de: ¿Cómo? ¿Cuándo? ¿Dónde? Siguiendo el ejemplo de mujeres y hombres de la Biblia que moldearon múltiples etapas de la humanidad tienes un buen parámetro para comenzar. Así que, ¿verás o harás historia?

ORIGINALIDAD INCANSABLE

«Llegó tu momento de brillar»

«…ya pienso subirle el volumen a todos los sueños que hay en mí. Lo que yo quiero es brillar…».

@EmmanuelEspinosa

La primer navidad que viví a solas con el amor de mi vida fue espectacular, la pasamos en un balcón amplio de un edificio muy alto sobre una montaña frente a una ciudad, con nuestro árbol de navidad improvisado en el iPad de Katia porque no tuvimos tiempo de poner uno. Así que buscamos una buena foto en la Web y la acomodamos. Hemos decidido siempre usar el ingenio para sacar lo mejor de cada circunstancia. Muchas veces seguro te has enfocado en las cosas que te hacen falta; en realidad si pones un poco de atención a lo que sí tienes, puedes tener lo que necesitas.

Previo a esto habíamos escrito nuestros nombres en papeles separados para hacer un intercambio del amigo secreto, así que seguro esa noche íbamos a recibir un regalo. Después de tomar un tiempo para celebrar a Jesús y agradecer su venida a la tierra, honrarlo por tomar el desafío de salvar a la humanidad, ¡incluyéndome a mí! (¡qué bien se siente escribir eso!), llegó la hora de los regalos. Primero le di el que yo tenía para ella y así descubrió que yo era su amigo secreto, por lo tanto deduje que ella era la mía. Abrió su regalo y me abrazó. En verdad, yo no aguantaba las ganas y las ansias de abrir mi regalo. Por fin, en aquella noche inolvidable, llegó el momento en que Katia volteó y sacó una caja gigante y la puso en mis manos. Sin más preámbulo,

desgarré el papel de la caja para descubrir que me había regalado mi juguete favorito en todo el mundo… ¡¡Una caja enorme de LEGOS!! Los legos, como sabemos, son unos pequeños e insignificantes bloques de plástico. Vienen en muchos colores, tamaños y diversas formas. Es mi juguete favorito porque de un juguete, con un poco de perseverancia y creatividad, puedes literalmente crear lo que tú quieras.

Así veo la fantástica oportunidad que Dios nos presenta con la vida. De qué sirve todo lo que Dios nos da si nos esforzamos por construir algo que otra persona diseñó. **La realidad es que copiar es más fácil que comenzar de la nada.** Lo malo de copiar es que no conocemos los fundamentos, por lo tanto nunca obtendremos un buen resultado. Ser originalmente incansable requiere de mucho trabajo constante, y todos nos enfrentamos con el desafío de no caer en la monotonía. De todas las cosas y herramientas que tenemos a nuestro alrededor muy a menudo llegamos a un punto de sequedad en el cual ya no tienes ideas nuevas, donde por más que intentas diseñar algo o te aferras a que tu vida sea un aporte nuevo a tu alrededor... nos topamos con esa muralla impenetrable de falta de propósito en algún momento de nuestras vidas, y es allí donde optamos por convertirnos en algo que no somos.

NO PERMITAS QUE TU MENTE, Y UNA SERIE DE PENSAMIENTOS NEGATIVOS, TE ROBEN LA CAPACIDAD DE VIVIR LO QUE SOLO TÚ PUEDES VIVIR.

Vive cada momento más allá de lo que tu mente te diga. Cuando permitimos que nuestra mente formule con toda libertad conspiraciones negativas, te darás cuenta de que eso llegará al corazón. La verdad es que si esta infección se infiltra de la mente al corazón, el corazón deja de funcionar. ¡Y qué riesgoso es que la mente dicte lo que hacemos! Recuerda que del corazón surgen las cuestiones de la vida (Proverbios 4:23). En tantas ocasiones nos encontramos dando vueltas sin sentido, razonando sin fundamento porque nuestro corazón está cansado. Nuestras ideas se han agotado, las herramientas se han desgastado, nos acomodamos a una rutina de lo que tenemos y comenzamos a ser un pantano, y agua sin movimiento es agua sin vida.

Nunca olvidaré algo que escuché en un momento como estos en mi vida, uno de esos momentos de querer tirar la toalla y decidir: «hasta aquí, no más, ya no puedo, ya no quiero, y no hay necesidad de que esté luchando por esto…». Seguro te has sentido así, ¿cierto?

NO CONFÍES EN TUS **SENTIMIENTOS O EMOCIONES** PORQUE ESTOS SURGEN DE CIRCUNSTANCIAS.

Escuché a Peter Furler decir frente a una multitud de miles: *No confíes en tus sentimientos o emociones porque estos surgen de circunstancias. Confía en Dios, a menudo seguro vienen a tu mente pensamientos como estos: «la vida que yo tenía planeada no sucederá, y las esperanzas y sueños que anhelaba no van a suceder».*

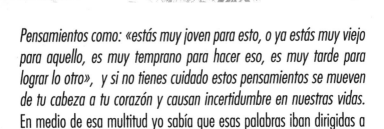

Pensamientos como: «estás muy joven para esto, o ya estás muy viejo para aquello, es muy temprano para hacer eso, es muy tarde para lograr lo otro», y si no tienes cuidado estos pensamientos se mueven de tu cabeza a tu corazón y causan incertidumbre en nuestras vidas. En medio de esa multitud yo sabía que esas palabras iban dirigidas a mí.

Una tarde escuché que alguien tocaba en la puerta de mi casa, así que fui a ver quién era. Cuando abrí era mi papá. Llegó con una sonrisa en su cara, de esas sonrisas que no logras descifrar qué está pasando, pero me di cuenta de que escondía sus manos tras la espalda. Al ver él que yo no sabía qué pasaba, sacó una caja gigante de legos, diferentes. Inmediatamente pensé: «Mis posibilidades de diseñar, construir y armar se acaban de duplicar». La combinación de las dos cajas el día de hoy me dejan con posibilidades interminables, si es que tomo el tiempo para trabajar en ello.

A ti te corresponde hacer tu parte, ponte a trabajar, no dejes de soñar. Y cuando te topes con una etapa desabrida en la vida, no bajes la velocidad, porque la vida que estás viviendo en realidad es un sueño de Dios y en su momento llega inesperadamente con una caja de más posibilidades. Cuando ya no tengas ideas, herramientas o fuerza, él llegará al rescate.

Uno de los más grandes rescates existenciales lo encontramos cuando Jesús tuvo aquella conversación con la mujer samaritana. De entrada, imagínate que un día vas al mercado por frutas porque ya no hay en tu casa. Llegas adonde las compras y te encuentras a Jesús... ¡¡¡SORPRESA!!! Muchos sentiríamos que las piernas se nos doblan de emoción o nervios, a otros nos pasaría como a aquella mujer, ni cuenta nos daríamos de quién era Jesús. Pero hay algo que a mí me llama mucho la atención de esta mágica conversación, después de la necedad y las excusas de esta mujer, Jesús le propone una locura: *«El que beba del agua que yo le daré, no volverá a tener sed jamás, sino que dentro de él esa agua se convertirá en un manantial del que brotará vida eterna»* (Juan 4:14). Siempre que Jesús nos pide algo ordinario por lo regular no tenemos alguna reacción fabulosa, pero cuando nos cuenta algo imposible, llama nuestra atención. ¿Quieres mantenerte siempre con propuestas nuevas, siempre con una chispa que cause furor? Jesús propone que tomemos del agua que él nos provee para que seamos una fuente interminable de vida eterna. Entiendo que cuando mis sueños están atorados en algún lugar árido y estéril es porque me hace falta esa agua. Lo más increíble es que si logramos conseguir esta increíble sorpresa de parte de Jesús, salpicamos de vida a nuestro alrededor y en el proceso encontramos fuerza para continuar siendo aquello para lo que Dios no diseñó.

LA COMBINACIÓN DE LO QUE TIENES Y LO QUE DIOS TE DA PROVOCA UNA POTENTE FUSIÓN PARA CAMBIAR AL MUNDO, PERO DEPENDE DE TI CONSTRUIR Y TRABAJAR.

Aun cuando venga ese furioso enemigo de tu alma a matar tus sueños, a succionar la vida de tu espíritu —llega con mentiras para acusarte, señalarte y desacreditar tu constante esfuerzo—, no te espantes, ya sabemos que el diablo es el más grande mentiroso y su finalidad es engañar a tu mente (Juan 8: 44). Pero la contraparte de eso es mucho más imponente, en Génesis 46: 3 y 4 hay una certeza que nunca debes olvidar: *«Yo soy Dios, el Dios de tu padre —le dijo—. No tengas temor de ir a Egipto, porque allí haré de ti una gran nación. Yo te acompañaré a Egipto, y yo mismo haré que vuelvas.»* ¡Hay esperanza al saber que Dios tiene una agenda precisa para ti! ¡No tengas miedo porque serás grande y nunca estarás solo! Eres original y único todos los días. Así como tu huella digital es exclusiva, el plan de Dios para tu vida es exclusivo y solo tú puedes cumplir con tu destino con excelencia. **Nadie puede usurpar tu lugar; así que no te canses tratando de ser alguien más que no eres. ¡La agenda de Dios para tu existencia siempre está vigente!**

LEVANTA LA FRENTE SIN CANSARTE

«Grita más fuerte que el dolor»

«...hoy es una oportunidad. Un tiempo nunca vivido. La posibilidad de ser mejor. No lo desaproveches siendo igual que ayer. Fracasar es solo parte del proceso. Intenta otra vez...».

@LucasLeys

Desde que tengo uso de razón me ha apasionado la música. En realidad, te cuento un secreto, sé lo básico de música, pero tengo una pasión inextinguible por crear sonidos y melodías que toquen millones de corazones.

Estando en la preparatoria tuve una materia o asignatura que se llamaba «Creatividad». Sí, a mí también se me hizo extraño cuando comenzó el semestre y vi la lista de materias, esto era lo que decía: Álgebra, Anatomía, Geografía, Sicología, Sociología, Historia, y justo allí apareció «Creatividad». ¿WHAT? (¡También aprendí un poco de inglés!). Resulta que el examen final de la asignatura era completar un proyecto creativo. Lo que vino a mi mente fue: ¿Qué puede ser más creativo que el arte? Así que decidí que era el mejor momento para subirle el volumen a la música. Mi proyecto consistía en producir un concierto. Ahora bien, solo para que quede claro, yo tenía 17 años y era el primer «evento» que hacía solo por completo… ¡Lleno de inexperiencia, pero con ganas de sacarme un 100 en la clase! También sería el primer concierto que tendría con mi banda en público; así que para mí había mucho en juego. Las expectativas que yo tenía eran altísimas. Con un mes para preparar todo, comencé a trabajar arduamente con las dos cosas al mismo tiempo, el evento y los ensayos. Llegó el día ¡y todo estaba listo! Eso pensaba yo… A cuatro horas de que comenzara el evento me notificaron que nos habían cancelado el permiso para usar el espacio público que habíamos pedido, así que de inmediato fui al Palacio Municipal para hablar con el Presidente Municipal. Fue allí donde aprendí que no puedes simplemente llegar a la oficina del presidente y tomarte una taza de café con él. Pero como yo no sabía eso, llegué hasta la puerta de su oficina prácticamente sin pedir permiso y sin que me detuvieran. Estaba decidido a exponerle mi caso.

Él estaba muy ocupado ese día y no me pudo atender. Sin embargo, alguien de su equipo me escuchó y me resolvieron el asunto… solo que en ello perdí 2 horas de tiempo valioso para otras cosas que tenía que ajustar para esa noche. Me fui rápido a la sede del evento y comenzamos a limpiar en espera del equipo para el concierto. Yo estaba muy inquieto por los nervios que recorrían mi cuerpo, un sentimiento que no logro superar hasta el día de hoy. Me llena de nervios un evento para jóvenes, así que aprovecho este sentimiento para trabajar aun más fuerte y procurar la excelencia. El día que deje de sentir nervios comienzo a ser insensible al impacto real que un evento puede tener en la vida de un joven. He aprendido que los eventos que hago ya no son simples eventos, sino momentos que se suman a una causa que enciende un movimiento.

Con un sinnúmero de retrasos, llegó la hora de comenzar y el lugar estaba totalmente vacío. Yo no entendía. Había invitado a todos mis compañeros de preparatoria, los cuales eran alrededor de 2.500 estudiantes. Además distribuimos 15.000 invitaciones impresas y ni así logramos tener suficiente gente para llenar un espacio para 300. Como no había nadie, esperamos un poco. En ese momento yo ya quería que la noche terminara por la vergüenza que sentía. Con 30 minutos de retraso decidimos comenzar y cuando comenzó la música, algunas personas se acercaron y fueron llegando algunos amigos y conocidos que había invitado.

Empezamos a tocar y nadie mostró entusiasmo por la música que habíamos preparado para ese día, hasta que llegamos a la tercera canción, que era una mezcla de rock duro y punk. Era una canción llena de energía. Comenzamos a tocarla y eso sí emocionó a la gente. En ese momento sentí que se encendió el motor de un poderoso avión que se perfilaba en la pista de despegue. Los asistentes comenzaban a gritar, brincar, correr y a cantar lo que se les ocurría ¡porque no conocían la canción! Durante unos cortos minutos olvidé las penas de todo el día y comencé a disfrutar el momento. De repente, mientras yo «rockeaba» en el escenario con toda la furia, alcanzo a ver a mi mamá en medio de los 40 jóvenes que se habían reunido. Se me hizo muy raro pensar que mi mamá hubiera entrado al moshpit (lugar en el concierto de rock donde todos se vuelven locos y se empujan bailando). A ella no le gusta el rock, solo fue ese día para apoyarnos. Al poner atención a por qué ella se había metido donde estaba el caos, vi que era porque justo esa noche habían llegado dos seudopandillas y comenzado una lucha campal mientras tocábamos. La canción no se había terminado, pero me bajé del escenario para ayudar a mi mamá a detener el pleito. En ese momento, en medio de jóvenes golpeándose muy violentamente, algunos ya sangrando, se escucharon algunas sirenas y de repente la pelea se detuvo. Medio tratando de acomodar las piezas del rompecabezas para continuar, subí a cantar un par de canciones más, porque solo estábamos calentando «el ring», para que la banda estelar tocara esa noche.

Al estar cantando esas últimas canciones, toda mi vista se nubló y no podía concentrarme en el momento. Solo pensaba en lo malo que había sido el evento, en lo pésimo que había sido mi trabajo. Terminé de cantar y presenté a la otra banda. Cuando comenzaron a tocar ya no quedaban ni 20 personas, así que con un sentir profundo de frustración y desánimo total, salí del lugar y busqué un rincón oscuro en la parte de atrás para ir y desahogar los nudos que tenía en la garganta y en el corazón. En la oscuridad me senté con la cabeza agachada y comencé a llorar por el fracaso rotundo de aquella noche. Si no fracasas en algún momento debes entender que no has intentado algo realmente diseñado para ti. Si todo te sale bien, siempre perfecto, no has encontrado lo que realmente debes estar haciendo. El fracaso es fundamental para que comiences a vivir. Esos sentimientos de desolación profunda sirven solo para dar un fundamento de valor incalculable que nos hace crecer. Me gusta la poesía de Abraham Plata con respecto al fracaso. Él dice magistralmente:

NO ES CIERTO, QUE MI NOCHE NO TERMINE
QUE EL MIEDO SE ME ANIDE EN EL CORAZÓN
NO ES CIERTO, QUE LA PAZ
SEA UNA QUIMERA.

NO ES CIERTO, QUE MI CURA SEA MORIR
NO ES CIERTO, QUE EL
SILENCIO SEA OSCURO
NO ES CIERTO, QUE ENFERME
DE DESCONSUELO.

LA NIEBLA SOLO ES VANA Y PASAJERA
NO ES CIERTO QUE EL INVIERNO SEA ETERNO
EL TIEMPO SIEMPRE TRAE LA PRIMAVERA.

NO ES CIERTO QUE YO, NO PUEDA VOLAR
QUE NO PUEDA EN LAS NUBES NADAR;
PODRÍA LLEGAR AL FONDO DEL MAR,
PERO EN EL CIELO SIEMPRE.

HAY MÁS PROFUNDIDAD.

(Del disco titulado «Naufragio»)

Hace unos años recibí una llamada de uno de mis mejores amigos quien vivía en otra ciudad, lejos de donde yo vivo. Como la llamada me despertó, no lograba identificar de quién era esa voz quebrada y agotada, solo notaba una profunda depresión en el tono tan desgarrador. Después de escuchar detenidamente logré descifrar que era mi amigo Rodrigo, «Chavis», como le decimos… Me comenzó a platicar de sus problemas, deudas, temores. Esa noche, abriendo su corazón, me describió a la perfección una crisis existencial que lo tenía en un estado anímico deplorable. Tanto que llegó a afectarle físicamente, al punto incluso de estar internado en un hospital para recibir muchos medicamentos. Esa llamada no solo me despertó de un sueño profundo esa noche, sino que me despertó a entender que **esos momentos de crisis son los que nos llevan a ver de qué estamos hechos realmente.**

TENER MIEDO A TOCAR FONDO Y CAER EN LO MÁS BAJO SIEMPRE TE VA A MANTENER EN UNA ZONA DE COMODIDAD ABSOLUTA DONDE NUNCA TE ARRIESGAS. SI REALMENTE QUIERES VIVIR, ARRIESGA MÁS DE LO QUE OTROS CREEN QUE SEA SEGURO.

Tener miedo a tocar fondo y caer en lo más bajo siempre te va a mantener en una zona de comodidad absoluta donde nunca te arriesgas. Si realmente quieres vivir, arriesga más de lo que otros creen que sea seguro. Esa fue la etapa de la vida en que Chavis arriesgó todo. Hoy es un joven empresario dueño de una compañía de publicidad y de un estudio de música. Además es copropietario de una escuela.

En el fracaso construyes los fundamentos del edificio, nadie ve los cimientos de un gran edificio y dice: ¡vaya, qué bonitos cimientos! Nunca. **Los cimientos de una construcción quedan enterrados para sostener lo que sí se ve.** ¿Recuerdas aquella noche del primer evento que organicé? Salí a la oscuridad y mientras lo poco que quedaba del evento continuaba, me fui a sentar en el piso a solas en la parte de atrás, donde ya no aguanté más y comencé a llorar como un niño. Intentando contestar mil preguntas que atormentaban mi mente, tirado allí, sentí que alguien me tomaba del brazo. Alcé la mirada y era un joven que me ayudó a ponerme de pie y me dijo: «¡Gracias por lo que estás haciendo!». Confundido, yo no entendía lo que me estaba intentando decir, pero sus próximas palabras marcaron mi vida para siempre: «La frente en alto y pecho afuera, vamos arriba». Y se fue. No puedo recordar su cara, no supe su nombre, pero me quedó claro de una vez y para siempre, no importa qué tan feo sea el fracaso; no me rendiré. Cuando te equivoques, te lastimes, te caigas, no importa lo que suceda en el piso. La expectativa más bien debe estar en lo que viene con el primer paso que des después de ponerte de pie. Vamos, ¡levanta la frente y grita más fuerte que el dolor!

NO ARRASTRES LOS PIES, LEVÁNTALOS

«Nunca te canses de luchar»

«...veo el mundo abajo girando en el viento, los gigantes parecen mucho más pequeños desde aquí, ahora estoy viviendo en mis sueños, me encanta la voz del espíritu que me enseña a volar, es hora de redescubrir, al caer al cielo, voy a subir, ya no voy a bajar...».

@MartinSmithTV

Hay muchas formas de caminar en esta vida. Personalmente, cuando veo a alguien que no tiene fuerza para levantar bien los pies cuando camina de manera cotidiana, me pregunto: Si en algo tan sencillo ya se dio por vencido, ¿cómo sacará fuerza para los desafíos reales de la vida?

Algo que me apasiona en la vida es el alpinismo y cada año busco la mejor fecha posible y organizo una expedición a alguna montaña de alto impacto. ¡He aprendido tantas lecciones! He hecho muchísimos ascensos a distintas cumbres en varios continentes y siempre aprendo algo nuevo. Una de las lecciones más grandes que he aprendido es que una montaña del tamaño que sea se conquista paso por paso. La montaña saca lo peor de una persona, pero también forja lo mejor de alguien. En una de tantas expediciones que armamos con un grupo fenomenal de amigos, tuve la oportunidad de acompañar a mi amigo Gogo en su primer ascenso. Con toda honestidad, él sabía mucho por las historias y experiencias que le había platicado; sin embargo, esta era su primera vez cara a cara con una montaña. En realidad estaba muy emocionado y nervioso a la misma vez… como cuando te dispones a comenzar algún proyecto nuevo y especial en la vida. Esa combinación de emoción y nervios es inexplicable.

Llegamos hasta donde se dirigían las «furgonetas», como les llaman en ese lugar a las camionetas. Allí, frente a la vereda que nos llevaría a la cumbre, tomamos unos minutos para hacer algunos ejercicios sencillos de estiramiento, ajustamos las correas de nuestras mochilas, apretamos los cordones de nuestros tenis y comenzamos la expedición. Decidí que iba a acompañar a Gogo en esta travesía de principio a fin. Espectacular comienzo, entramos por un cañón rodeado de picos nevados, vimos de frente la montaña y nunca le quietamos la vista a la cumbre. Aunque nos cansamos y por momentos sentimos dolor en distintas partes de cuerpo, no le quitamos la vista a la cumbre. Quedé sorprendido con la forma en que Gogo conquistó esa montaña. Nunca escuché de él una queja o ganas de regresar. Hubo momentos en que nos deteníamos a recuperar el aire, porque escalar una cordillera majestuosa en los Alpes de Europa, no es nada fácil. Todo lo contario, una travesía con desafíos, temores, dudas. Paso a paso, todos los que íbamos en aquella expedición conquistamos la imponente montaña.

«El camino seguro al infierno», escribió C.S. Lewis, «es gradual… una suave ladera, blanda al caminar, sin vueltas bruscas, sin momentos monumentales en la vida, sin señalamientos». Un camino seguro en realidad. Y yo diría que lo más seguro es que este camino al infierno en la tierra es muy parecido: «aburrido, monótono y sobre todo *promedio*». Eso no es lo que yo quiero. Y estoy seguro de que de ninguna manera tú te conformarías con eso. Imagínate, desaprovechar lo mejor de la vida por preferir un camino cómodo y no pelear por lo extraordinario que pudieras lograr.

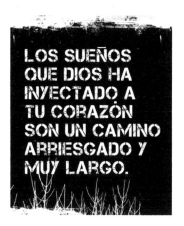

LOS SUEÑOS QUE DIOS HA INYECTADO A TU CORAZÓN SON UN CAMINO ARRIESGADO Y MUY LARGO.

Sí, subir una montaña exige determinación y perseverancia… al igual que lograr cualquier cosa en la vida. Los sueños que Dios ha inyectado a tu corazón son un camino arriesgado y muy largo.

Otra montaña que nunca olvidaré fue cuando se nos ocurrió la locura de ir a hablar de Jesús a las aldeas y campamentos en la base del Everest, «el techo del mundo». En una ocasión, mientras pensaba y platicaba con algunos individuos extremadamente intensos como yo, nos preguntamos: *Mucha gente va al Everest a conquistar la montaña más alta del mundo pero, ¿irá alguien a las aldeas cercanas a predicar del amor de Jesús?* Sin investigar mucho, decidimos ir. A veces en lugar de pensar demasiado lo que debes hacer es ¡HACER! Así que ¡HAZ!

Un día, antes de salir a esta aventura desconocida y realizar un viaje aéreo de más de 40 horas, decidimos ir a un parque para hacer un poco de deporte, comer al aire libre y llenarnos de aire puro. Justo había entrado el invierno a Colorado y había un pequeño lago donde fuimos a pasar la tarde. Como me gusta aprovechar al máximo cada oportunidad, nos dimos cuenta de que el lago estaba medio congelado, así que decidí ver si podía caminar sobre hielo para ver cuánto podría avanzar sin que comenzara a quebrarse la capa que tenía este pequeño lago. Puse un

pie sobre la superficie helada y nada, así que me animé a poner el segundo. Al estar parado y ver que no pasaba nada, tomé valor y comencé a dar unos pasos. Como no pasaba nada, hasta corrí un poco para lograr deslizarme sobre el hielo. Después de unos minutos de jugar muy emocionado, comencé mi regreso a la orilla y allí sucedió lo inesperado, ¡se rompió la capa de hielo y me caí! Como ya estaba cerca de la orilla, no estaba muy profundo. Sin embargo, eso implicó malas noticias para mí ya que al chocar mi pie en el fondo, se me atravesó un pico agudo de hielo que me perforó el pie derecho, entre el dedo grande y el que sigue. (Perdón, no sé cómo se llama ese dedo que sigue… ¡algún día lo aprenderé! Mientras tengamos vida siempre hay oportunidad para aprender todos los días, así que no tengo prisa.) Pues bueno, comencé a sangrar. En ese momento eso era la peor noticia porque lo único que íbamos a hacer durante las próximas dos semanas en tierras tibetanas era caminar. Me llevaron al hospital y tuvieron que hacerme una cirugía muy pequeña, pero me recomendaron no caminar por dos semanas. «¡¿Qué?!», pensé dentro de mí, «…ni me duele tanto, me siento bien, puedo caminar, solo fue una cortada profunda, no me lastimé el hueso». Salí de la sala de urgencias y mis amigos se veían muy consternados por la posibilidad de que no fuera a esta aventura. Yo ni loco pensaba en no ir.

Al otro día, ignorando por completo un poco de dolor constante que sentía, tomé el primer avión que nos llevaría a cruzar el Océano Pacífico. Al llegar a la ciudad donde íbamos a subir al campamento base del Everest, por la altura atmosférica y el frío que penetraba hasta los huesos, comencé a sentir los rezagos de la lesión. Tenía un par de opciones: quedarme en esa ciudad y descansar, esperando que regresara mi equipo en algunos días; o ponerme de pie y ser más fuerte que el dolor. ¿Adivina cuál de las opciones tomé? Así es, adivinaste bien, me quedé a descansar… ¡Claro que NO! Diría en estos momentos mi amiga Isa Cortés: «Pienso que todos tenemos las mismas oportunidades, la diferencia es quién lucha, trabaja y no se rinde». Me puse de pie, no había viajado desde el otro lado del mundo para no aguantar un dolorcito. Fue una odisea que nunca olvidaré, el dolor y las ganas de parar eran constantes, los pensamientos de dejar esa lucha a un lado estaban presentes con cada paso que daba, pero **la misión de hablar del amor que ha cambiado mi vida**, el cometido de ser los pies de mi Salvador, fueron más poderosos que cualquier argumento contrario. Incluso, a mediados de la travesía, yo mismo me quité los puntos que me habían dado, y después de un mes y medio cuando regresé a casa, la herida estaba prácticamente cerrada.

Existen muchos factores que quieren ganarnos, muchas circunstancias que nos desanimarán. Sí, esas cosas que conocemos bien como el miedo, la duda, el temor, el pecado, el odio, el rencor, la amargura, la indiferencia, la angustia, la deshonestidad, la flojera, la irresponsabilidad, el orgullo, los prejuicios, la envidia, la injusticia, la infidelidad, la pereza, la traición, la impureza, la soberbia, la apatía y muchísimos más… Elementos cotidianos de la vida con los cuales nos

hemos familiarizado, pero ALTO, no permitamos que estos comiencen a construir su propia casa en nuestro destino. Nunca te canses de luchar contra estos y recuerda que por más grandes que parezcan estas cosas, tú y yo «estamos por encima». Me gusta como lo dice mi amigo Marto: «Yo hago mi lucha de la manera más astuta, con la palabra de mi general, no es de esta tierra es celestial, contra corriente al pie de lucha; lucha que no tiene pausa, somos guerreros con causa».
No arrastres los pies y nunca te canses de luchar.

PASOS FIRMES

«De frente a paso firme y fuerte»

«…perdemos nuestro camino, regresamos de nuevo, nunca es demasiado tarde para volver a ponerse de pie.
Un día volverás a brillar; puedes quedar derribado, pero no para siempre, así que levántate…».

@TobyMac

Si pudieras vivir una «vida ilimitada» ¿hasta dónde llegarías por lograrlo? Muchas personas invierten una fortuna en lograr vivir más años, o buscar la felicidad… cuando en realidad la mayoría de las personas nunca viven. **Los errores en la vida pueden ser un factor de destrucción total o una oportunidad de crecer.**

La Biblia está llena de jóvenes que tomaron las peores decisiones que los llevaron al fracaso total. Sin embargo, vemos una diferencia entre los que al caer se arrastran el resto de su vida y otros que luchan por ponerse en pie y comienzan de nuevo. @PerryNoble dice: «**Si no dejas a tu pasado morir; este no te dejará vivir**». En mi vida he cometido los más grandes errores que una persona pudiera cometer, al punto de sentir y vivir un desierto inhabitado y cero ganas de continuar. Justo estos sentimientos son los que nos llegan a incomodar o desanimar.

Recuerdo cuando era un niño y viajaba con mi familia, de manera inesperada tuvimos una falla en el auto, así que tuvimos que buscar a un mecánico. Era una tarde-noche fría y no había mucha ayuda cerca de la carretera, pero al fin encontramos un pequeño taller. No recuerdo

muy bien qué es lo que le sucedía al carro, pero sí recuerdo como si fuera ayer lo siguiente: Mientras mi papá buscaba la manera de arreglar la falla mecánica, opté por jugar allí, a unos metros y de repente, al estar corriendo, resbalé sobre un montón de piedras pequeñas y caí de rodillas. Al instante me puse de pie con mucho dolor. Sentí que me había raspado las rodillas ya que solo traía bermudas. Pero en la rodilla derecha había mucho más que un raspón, tenía literalmente un hoyo. Así que ahora aparte de arreglar el carro ¡teníamos que arreglar mi rodilla!

Buscamos, ya entrada la noche, el poblado más cercano. Al llegar no dimos cuenta de que no había nada abierto, así que preguntando por fin llegamos a una clínica pequeña que estaba cerrada. Después de unos minutos de tocar salió alguien y nos llevó a un pequeño quirófano improvisado que tenían. El doctor comenzó a limpiar la herida y después tomó una aguja para coserla y cerrarla. Cuando terminó la pequeña cirugía, salimos de la clínica y seguimos nuestro camino, ya que también habíamos logrado solucionar lo del carro.

Llegamos a nuestra casa y los días siguientes fueron de no poder hacer mucho ya que tenía la pierna inmovilizada. Las indicaciones del doctor fueron: «En tres semanas le quitan a este niño las puntadas de la rodilla»… y comenzó la larga espera de no poder jugar por tres largas semanas. Sin embargo, antes de que se cumpliera el plazo indicado, comencé a sentir dolores muy intensos y la rodilla cada día amanecía mas inflamada, así que se nos hizo muy extraño. Fuimos a un doctor diferente antes del plazo indicado.

Al llegar le explicamos al doctor todo el panorama y nos comentó: «Pues tenemos que reabrir la herida para ver que está sucediendo». Comenzó a quitar las vendas y después las gasas para poder cortar las puntadas y luego reabrir lo que ya había sanado.

Cuando abrió la herida, comenzó a salir mucho pus y nos comentó que eso era malo y significaba que había una infección. Siguió cortando hasta llegar al fondo de la herida y descubrió que tenía algunas piedras muy pequeñas, así que tomó una herramienta para escarbar bien y raspar el tejido muscular hasta limpiarlo por completo. Y allí comenzó una vez más el proceso de curación.

Tantas veces nos pasa eso en la vida… nos caemos y buscamos una solución repentina y rápida para seguir adelante, pero dejamos la herida con suciedad y comienza a infectarnos. **Tu pasado no te descalifica, pero te puede paralizar**. La Biblia está llena de segundas oportunidades, lo que nos comprueba que el ADN de Dios tiene una estructura fascinante con el deseo y la capacidad de proveer esa segunda oportunidad que tú necesitas.

En la carta que Pablo les escribe a los filipenses descubrimos justo eso en la naturaleza de Dios. Él dice: *«Estoy convencido de esto: el que comenzó tan buena obra en ustedes la irá perfeccionando hasta*

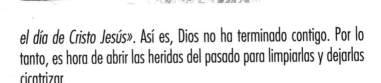

el día de Cristo Jesús». Así es, Dios no ha terminado contigo. Por lo tanto, es hora de abrir las heridas del pasado para limpiarlas y dejarlas cicatrizar.

En realidad, esta vida tiene mucho más cuando muere el pasado. La pelea de matar o no al pasado es una batalla muy intensa, pero ¿cómo ver lo brillante que es el futuro si mantenemos la mirada en el ayer? Los grandes edificios y torres en el mundo que tanto nos impresionan como la torre Eiffel o el Empire State son majestuosos por fuera e imponen con su estructura. Pero en realidad eso sería imposible sin el fundamento que los sostiene. A pesar de los fuertes vientos, las furiosas tormentas, incluso los temblores, allí siguen en pie.

Todo joven tiene la oportunidad de volverse a poner en pie. Una de las cosas que más me apasiona en la vida es ver cómo un joven se levanta después de haber caído. En la ciudad de México soy director de una Academia de Liderazgo de Alto Rendimiento que se llama 24-7 y justo es un espacio donde aceptamos a todos aquellos jóvenes que tienen esas ganas de seguir adelante.

Así como todo edificio se mantiene de pie gracias a los pilares que lo sostienen, hay cinco pilares en la vida de un joven que procuramos desarrollar y fortalecer en 24-7. Hemos sido testigos de primera mano de que estos son fundamentales en la formación integral de una persona que quiere ver a las segundas oportunidades de frente y dar pasos firmes. Así que quiero compartir de manera muy simplificada estos cinco pilares, los cuales debes procurar fortalecer en tu vida.

ES VITAL QUE TOMES CON SUMA SERIEDAD LA IMPORTANCIA DE CULTIVAR UNA RELACIÓN REAL CON DIOS.

Tal y como los mejores edificios están sostenidos por pilares y columnas, 24-7 se sostiene por cinco pilares. En primer lugar lo «espiritual». Todos tenemos una curiosidad por llenar nuestro espíritu con algo real y más grande que nosotros mismos. El aspecto espiritual en tu vida es lo que te mantiene con el motor encendido.

¿De qué te sirve un auto si no das vuelta a la llave de encendido? Es vital que tomes con suma seriedad la importancia de cultivar una relación real con Dios y procures aprender a escuchar su voz para tu crecimiento y dirección.

Lo increíble es que Dios está interesado en invertir en esta relación; y está en busca de una relación activa… así que mantén tus expectativas de interacción altas y recuerda que la monotonía mata todas las relaciones. Busca formas creativas de interactuar con Dios. Muy a menudo tomo mi teléfono celular en medio del día y dedico unos minutos para platicar con Dios. Así es, ¡tengo el número de celular de Dios! Sal a tomar un café con él, ve a caminar al parque a su lado. Haz algo fuera de lo común para crecer en tu relación con Jesús. El Espíritu Santo es tu mayor aliado para tener paz, fuerza, creatividad, amor, energía, etc., así que no lo descuides. ¡Tu pulso depende de él!

El segundo pilar que buscamos desarrollar es el «mental». En realidad, nunca dejamos de aprender. Si logras mantener una actitud de querer ser enseñado durante toda tu juventud, te darás cuenta de que aprenderás algo nuevo cada día de tu vida. Muchas veces caes en el error de ser el «sabelotodo» cuando en realidad todos tenemos todavía mucho que aprender. **Busca oportunidades para crecer mentalmente, sé diligente en tus estudios.** Es probable que hoy no te entusiasme mucho la escuela, pero cuando entiendas que todos los días son parte de una escuela a largo plazo, tu opinión puede cambiar. Es muy importante que aproveches las oportunidades de aprendizaje a tu alrededor, desde un salón de clases, un consejo de tus padres, una plática intensa con tus amigos, incluso algún extraño en la calle. La preparación te da la ventaja de saber que el que más aprende es el que más desea saber.

Moisés, en la Biblia, es un ejemplo fenomenal de lo que puede lograr alguien que es diligente al desarrollar sus habilidades mentales. Él logró administrar toda una nación en circunstancias muy adversas. Aprender es leer, preguntar, escuchar, observar, para así ser competentes en nuestro mundo.

En tercer lugar tenemos al pilar «social». Si quieres llegar rápido, ve solo; pero si quieres llegar lejos, ve acompañado. No te enfoques en la velocidad con la que logras tus sueños. Más bien chequea la distancia que vas alcanzando y valora el aprender a trabajar con otros. Mi papá siempre dice: «Entre faros no hay competencia». Somos un diseño celestial que requiere atención y amor de otras personas; pero este deseo no se satisface de lo que recibimos, sino más bien depende de lo que damos. Es importante aprender a comunicarse y a establecer relaciones saludables para resolver conflictos y disfrutar los mejores momentos con las personas que nos rodean.

Resulta increíble lo que los detalles más pequeños pueden lograr. Inténtalo, dile a alguna persona que tienes cerca: «¡Gracias!» Esta palabra tan pequeña tiene el potencial de inyectar vitaminas a cualquier relación. El valor de pedir perdón tiene el potencial de cambiar la vida de muchos. Estamos acostumbrados a decir: «Perdóname…» Piensa por un segundo, en cierto sentido suena como una orden. Cuando fallamos debemos buscar perdón. En mi vida he aprendido a optar por decir: «¿Me perdonas?» Hacer una pregunta requiere una respuesta de la otra persona, ¡y es en esa respuesta donde está el poder de un milagro! Así que cuando hagas esta pregunta, espera la respuesta; y cuando te la hagan, responde. **Cuando tengas falta de perdón, haz lo imposible por conseguirlo y darlo**. El perdón es la esencia del amor y llena de oxígeno toda relación. Si amas a alguien, ¡díselo! No permitas que se te escapen las oportunidades de decir: Gracias. ¿Me Perdonas? y ¡Te Amo! Jesús nos invita a amar a otros como nos amamos a nosotros mismos.

Y hablando de amor, llegamos al cuarto pilar que es el «emocional». Proverbios nos enseña que debemos proteger nuestro corazón porque de él surgen las cuestiones de la vida. El corazón es la base de las emociones, justo el lugar donde sentimos que se nos va el aire cuando vemos a cierta personita entrar a la habitación… si sabes de quién estoy hablando. Mírate al espejo en este instante, ¡es muy probable que te estés sonrojando o sonriendo! La decisión de a quién le das tu corazón tiene el potencial de succionar y matar el latir de tu existencia o de llenar explosivamente de vida tu mundo.

Busca el consejo de tus padres y amigos que te aman cuando se trate de decidir con quién pasar el resto de tus días. ¡Enamora a un solo corazón! Cuando decides correctamente, la aventura de la vida entra a una dimensión desconocida que hace todo mejor. No aguanto más, tengo que decirlo: Katia, ¡TE AMO! ¡Tomé la mejor decisión contigo!

Por último está el pilar «físico». Nuestro cuerpo es el medio de transporte de nuestro legado. Es muy importante cuidar de nuestro cuerpo porque de él depende nuestro rendimiento. Puedes tener todas las intenciones de hacer muchas cosas; sin embargo, un cuerpo en mal estado se convierte en una limitación física para muchas cosas. Busca la manera de comer lo que en realidad alimenta tu cuerpo, no se trata simplemente de llenarlo de comida. La fruta siempre será mejor que un dulce, el agua es superior a un refresco, etc. Tu energía proviene del combustible que decides usar. Y para evitar que se oxide tu cuerpo… ¡mantenlo en movimiento! El ejercicio constante oxigena la sangre y fortalece todos los sistemas del cuerpo. Hacer ejercicios nos mantendrá saludables para poder ser más eficaces ante todas las exigencias de la vida.

El valor para tener una vida ilimitada está a tu alcance. Me gusta la manera en que lo dicen Jesse y Joy: *«Aquí voy algo insegura, pero voy, que venga más…. Yo aguanto esto y mucho más».* Deja las excusas atrás, ponlas en la papelera de reciclaje y elimínalas de tu vida para siempre. **Las excusas solo paralizan tu destino.** Camina de frente como dicen mis amigos los Comprados: «Camina, camina para adelante; y todos caminando… caminando para adelante y todos caminando, caminan sin tropezarse». Pasos firmes y constantes. Tu segunda oportunidad está a las puertas, así que mírala a los ojos y pisa fuerte hacia adelante.

MUERE VACÍO

«Que el mundo note el día de tu muerte»

«...hasta que lo mortal llegue al final aquí, hasta ser absorbido por la vida en ti, hasta que vea tu rostro reflejado en mí, no desistiré, no me rendiré...».

@jaroficial (Jesús Adrián Romero)

Hemos leído y escuchado mucho sobre la muerte, nos han amenazado con el tema, nos han inspirado con historias reales, hemos disfrutado de buenas canciones del adiós, recibimos motivación al recordar que aún estamos vivos, reflexionamos con el sentimiento inexplicable de la tristeza.

Ayer en la tarde escuché la noticia de que había caído el avión de una celebridad. En ese momento solo escuché la noticia, sin dolor ni reflexión. Y en el transcurso de la tarde seguí adelante sin impacto alguno, más que orar por la paz de su familia. Sin embargo, hace unos minutos recibí la llamada de un amigo dándome la noticia de que su padre acaba de fallecer. Incluso mientras escribo estas líneas su cuerpo todavía está perdiendo temperatura lentamente, y el vacío que mi amigo siente, el dolor lleno de terror que escucho en su voz es algo que no podría describir. Ahora este suceso, a diferencia del anterior, está causando un gran impacto en mi mente y mis emociones. La muerte es algo que vemos a lo lejos hasta que pega fuerte en la puerta de nuestra casa.

Hace unos años recibí una llamada de mi tía Joy preguntándome si la acompañaba a un sepelio esa tarde. La persona que había muerto era alguien que yo no conocía bien pero acepté acompañarla, así que me apuré con algunos pendientes para tener la tarde libre, y después me dirigí al cementerio donde vería a mi tía.

Al llegar la encontré en las oficinas arreglando unos papeles, desde ese momento noté algo muy extraño. Después de esperar algunos minutos, subimos adonde se encuentra la tumba y donde sería el entierro. Allí estaba el féretro frente a la tumba. Justo a su lado se encontraba un señor muy triste y pensativo. Después de algunos minutos buscó a los trabajadores del lugar para que sepultaran el cuerpo. En ese momento recuerdo que todo a mi alrededor comenzó a verse como en cámara lenta mientras volteaba a todos lados y no había nadie más que una persona para enterrar esta vida. Tuve que comenzar a contestar algunas preguntas que volaban en mi cabeza. Fue algo asolador pensar que una sola persona estaba en este entierro.

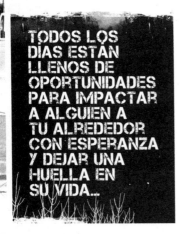

TODOS LOS DÍAS ESTÁN LLENOS DE OPORTUNIDADES PARA IMPACTAR A ALGUIEN A TU ALREDEDOR CON ESPERANZA Y DEJAR UNA HUELLA EN SU VIDA...

Qué horrible pensar que tu vida no sume nada al final de tus días. Todos los días están llenos de oportunidades para impactar a alguien a tu alrededor con esperanza y dejar una huella en su vida... solo que algunos optan por una vida pasiva que no causa impacto en nadie. Para mí la idea de morir y que nadie se dé cuenta, que a nadie le interese, es algo que me da muchos nervios. Uno de mis mayores temores es estar en mi lecho de muerte y darme cuenta de que podría haber hecho mucho más, o que debería haber hecho algo diferente. Al estar en el cementerio y mirar todas las lápidas no queda más que preguntar: ¿qué no logró esta persona? Hemos escuchado que el cementerio es el terreno físico más valioso del mundo, no solo por los seres queridos que allí descansan, sino por todo lo que se llevaron a la tumba con ellos. Imagínate todas las canciones que nunca se escribieron. Un sinnúmero de inventos que no vieron la luz. Descubrimientos médicos que hubieran sanado a muchos… y la lista podría continuar.

Pablo escribe a los efesios y les dice: *«En Cristo también fuimos hechos herederos, pues fuimos predestinados según el plan de aquel que hace todas las cosas conforme al designio de su voluntad, a fin de que nosotros, que ya hemos puesto nuestra esperanza en Cristo, seamos para alabanza de su gloria»* (Efesios 1:11-12). Nuestra existencia no tiene por qué desperdiciarse.

TODO LO QUE DIOS HA PUESTO DENTRO DE NOSOTROS DEBE SALIR A LA LUZ Y CONVERTIRSE EN UN RAYO DE ESPERANZA QUE ALIENTE A MUCHAS PERSONAS.

Hay algo en ti que Dios ha puesto para que muchos obtengan fuerza para seguir y puedan conocer el fabuloso amor de Jesús para ellos. **Nunca olvides quién eres ni a quién le perteneces.**

Muchas veces no hacemos lo que hay en nosotros por temor a diversos factores. Por muchos años había tenido ganas de aventarme de un avión. Por fin llegó el día, el 7 del mes 7 del año 2007. Mi despertador sonó a las 3 a.m. Súper nervioso salí a encontrarme con una madrugada muy fría. Me subí a mi carro y puse una lista de canciones que había armado, llena de energía y mucha adrenalina para prepararme para mi primer salto. Así que subí el volumen y tomé la carretera que me alejaba de la ciudad.

Detrás del Iztaccíhuatl y el Popocatépetl, montañas majestuosas e imponentes, comenzó a salir el sol de una manera tan brillante que no solo terminó de despertarme, sino que muchas cosas en mi alma se despertaron por lo brillante de la luz aquella mañana. El aeródromo aún estaba cerrado cuando llegué, así que tuve tiempo de relajarme y disfrutar con calma de un amanecer desde el principio. Justo cuando estaba totalmente relajado y acostado sobre el pasto escuché un motor en el aire que se acercaba a gran velocidad con mucha potencia, y ahí mismo aterrizó un pequeño avión.

Los próximos instantes son difíciles de describir, una combinación de nervios, miedo, emoción. Lo desconocido estaba por delante y todavía podía decidir saltar o no. Aunque había manejado un buen rato y me había desvelado, incluso ya tenía pagado el vuelo para saltar, por un instante todavía tenía la opción de decidir… y claro, ¡decidí saltar!

En ocasiones nos pasa que ya tenemos todo para hacer algo y a menudo decidimos no hacerlo a pesar de que todo está dispuesto. Decide no desperdiciar las oportunidades.

Mi corazón comenzó a palpitar más rápido desde el momento en que me dieron un traje que tenía que ponerme para comenzar una breve capacitación para saltar. Me lo puse y presté atención como nunca a las instrucciones que me estaban dando. Allí entendí que hay instrucciones de las cuales depende tu vida. Se escuchó una vez más la turbina del pequeño avión que había aterrizado, pero esta vez tendría que subirme yo. Tendría que dar pasos importantes.

Llegué a la base del avión y abrí hacia arriba una pequeña puerta por la cual me subí a un espacio en la parte de atrás donde no había asientos ni de dónde agarrarse, solo un lugar para estirar las piernas y comenzar el vuelo. Sentía cómo comenzaban a sudar mis manos y de repente temblaban mis piernas. El avión comenzó a moverse con lentitud para despegar, sentí como si fuera la primera vez que volara. Rápidamente el avión tomó suficiente velocidad para subir al aire y comenzó la travesía de ascenso. Mientras lo hacíamos el instructor me comentó que saltaríamos de 17.000 pies de altura, y mi instinto de intensidad me llevó a preguntar: ¿Qué es lo más alto que podemos saltar? Con cara de asombro y confusión, pensó unos segundos, y me dijo: «21.000 pies». Antes de que terminara de hablar le dije: «¡VAMOS!». Así que se volteó para preguntarle al piloto si había condiciones climatológicas para subir un poco más y solo alcancé a ver que el piloto decía con la cabeza que ¡SÍ!

La espera se alargaba un poco más a medida que seguíamos tomando altura. Después de 30 minutos aproximadamente de haber despegado, me repitieron las indicaciones finales para poder saltar. En el momento que se abrió la puerta lateral para saltar, entró una corriente de aire que casi nos avienta por la fuerza con la que entró. Nos acercamos al borde y miles de pensamientos inundaron mi mente a alta velocidad, así que busqué la manera de tomar el control para poder hacer un salto enfocado. Por lo regular cuando estamos ante un gran desafío nuestra mente intentará dominar y es allí donde entra el espíritu para sacar la valentía de dentro de nosotros y continuar. **Nunca permitas que tu mente domine tu espíritu.**

Llegó el momento de dar el salto. Al acercarme al borde, ¡me golpeó el vértigo de frente, durísimo! De manera que solo a medias escuché en el fondo un conteo... ¡y al aire a desafiar la fuerza de la gravedad! En el momento de saltar, por un milisegundo puse pausa y vi un panorama espectacular, momentos en la vida que te recuerdan que sigues vivo. Valoras todo lo que Dios ha puesto a tu alcance, ves la creación magnífica de Dios y quedas en asombro total... ¡hasta que la violencia de la caída, a casi 100 kilómetros por hora, te hace reaccionar!

Cuando las oportunidades llegan a nuestra puerta, muchas veces los temores tienen demasiado volumen en nuestra mente.

Cada vez que el temor gana la batalla interna, te roba algo que te podría hacer revivir. Eleanor Roosevelt quedó huérfana y sin hermanos a los 15 años, totalmente sola para enfrentar la vida. Después de un largo camino llegó a ser «la primera dama del mundo», y en una ocasión ella dijo: «Obtienes fuerza, coraje y confianza en cada experiencia en que realmente te detienes a mirar al miedo en la cara. Debes hacer lo que piensas que no puedes hacer». Así que hazle frente a tus temores y derrótalos porque la vida se extingue poco a poco con cada día que pasa. Piénsalo bien, dentro de ti pudiera estar la fórmula médica para encontrar la cura del cáncer, podría estar la estrategia política que quitaría la corrupción de tu país, podrías diseñar un plan ápara erradicar el hambre. Quizá en ti está la inspiración para pintar una obra maestra que pudiera transmitir paz a millones, quizá tengas escondida en el fondo de tu corazón la canción que pudiera llenar de propósito a toda una generación. No pierdas el tiempo del día a día; no esperes momentos en tu vida, más bien construye momentos que inspiren movimientos… y muere vacío, de tal manera que cuando llegue el día de tu muerte hayas hecho TODO lo que el cielo tenía para que hicieras y te reciban con el desfile al «agente que cumplió su misión» (Mateo 25: 21).

LA AMBICIÓN DE UN MUERTO EN VIDA

«Despierta con valor»

«...el sol de la mañana pega mi cara, tengo una nueva canción para cantar, decirle al mundo cómo me siento por dentro, a pesar de que tal vez me cueste todo...».

@SonnyWhosoever (Sandoval)

Comencé este libro con una historia, ¿recuerdas? Todo daba vueltas alrededor de este joven que lentamente perdía el sentido de dónde estaba, veía y sentía cómo la vida se escapaba con cada gota de sangre que escurría de su brazo, y luchaba en su mente con la idea de perderla; la desolación profunda de ver ante sus ojos cómo se escapaba su vida se apoderaba de él. Era una impotencia indescriptible el no poder hacer nada para salvarla. Venían a su mente tantas cosas que quiso lograr en su vida, recuerdos de sueños que no pudo alcanzar, los sentimientos de haber desaprovechado tantas oportunidades de expresar amor a su familia y amigos.

Recuerdo aquella tarde como si fuera justo este momento. Ese joven de aquella historia soy yo. Cuando vi a la muerte cara a cara y tuve una segunda oportunidad para seguir con vida, todo para mí cambió… empezando por mi actitud y agresividad ante la vida. **Mi ambición por vivir hoy es excesiva**, ¡qué palabras tan peligrosas! Pero por más peligrosa que sea esta palabra, «ambición», esa debe ser nuestra actitud para vivir al máximo. La ambición que tengas en tu vida es la que va a determinar el resultado. **Cada día debes tener una ambición, aunque sea pequeña**, pero cobra ánimo con la realidad de

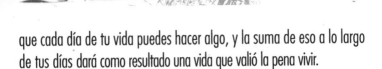

que cada día de tu vida puedes hacer algo, y la suma de eso a lo largo de tus días dará como resultado una vida que valió la pena vivir.

Cuando no logramos nuestros sueños, cuando perdemos el tiempo, cuando perdemos oportunidades, nosotros somos los culpables. Pero llega el momento de darnos cuenta en verdad de qué estamos hechos y despertar con valor y ponernos de pie. **Todos tenemos ambiciones en esta vida, ambiciones que pudieran cambiar el mundo** y en ocasiones ambiciones incorrectas; Pedro escribe al respecto y dice: *«En efecto: el que quiera amar la vida y gozar de días felices, que refrene su lengua de hablar el mal y sus labios de proferir engaños; que se aparte del mal y haga el bien; que busque la paz y la siga. Porque los ojos del Señor están sobre los justos, y sus oídos, atentos a sus oraciones; pero el rostro del Señor está contra los que hacen el mal».* En un pequeño párrafo tenemos una fórmula perfecta para llegar a ¡amar la vida y tener días felices!

Esto nos suena extraordinario y fácil de obtener, cuando en realidad es tan difícil de lograr. Este es un buen momento para pensar cuáles son aquellas acciones que succionan la vida de nuestras venas, lo que le roba vitalidad a nuestro corazón. Incluso hoy muchas formas de pecado son tan «aceptables» ante la sociedad que pudiera parecer que no hay nada malo en ello, ¡pero ir contracorriente es tan emocionante! ¿Por qué dejarnos llevar? Leeland lo dice así en una canción: «...parece que estás encerrado en una jaula, y necesitas buscar alguna forma de escapar, cuando todos a tu alrededor marcan el paso a seguir. Está bien correr en la dirección opuesta…».

El ladrón más grande de la existencia es el pecado. En lo personal es una lucha que tengo constantemente. A veces he perdido la batalla y en otras he ganado, pero lo que sí sé es que ¡cada vez que gano una batalla más ante este enemigo horroroso me hago más fuerte! Así que no desistas, no pierdas más terreno. ¡Recupéralo! Gana la próxima batalla porque lo importante no es cuántas batallas ganas o pierdes, ¡sino quién gana la guerra! Y esta es una guerra que TENEMOS que ganar. MUERE a todo lo que te succiona y roba la vida: día a día, hora a hora, minuto a minuto. Muere al pecado, a la flojera, a la apatía, a la indiferencia, al temor, a la inseguridad.

Hace unos días estaba leyendo las noticias y me encontré una nota de uno de mis cantantes favoritos de la preparatoria, inclusive te hago una confesión: escuchaba su música a escondidas, pero no le digas a nadie. Se trata de Fermín IV. Me llamó la atención que en un medio de comunicación internacional estuviera en los encabezados, ya que llevaba como ocho años o algo así alejado de la escena musical y esto marcaba su regreso tan esperado a las «tarimas», como le dicen los fanáticos del hip-hop al escenario. Así que abrí la nota y al leer el comunicado de prensa me topé con una frase de Fermín que nunca se me olvidará. Al responder a una de las preguntas dijo: «No van a ir a ver al Fermín de Control Machete, ese ya está bien muerto y va a

ser difícil sacarlo de la tumba». No importa qué es lo que a ti te está succionando vitalidad o robando el pulso; por más denso que sea el panorama es posible enterrarlo.

Antes me escondía para escuchar la música de Fermín, hoy me subo a mi carro, bajo las ventanas ¡y la escucho a todo volumen! Escuchar buena música me llena de combustible para seguir viviendo. Sube un poquito tu música, verás que es mejor cuando está más fuerte... pero sobre todo, ¡súbele el volumen a la música dentro de ti, déjala salir con fuerza y vive tu vida a todo volumen!

La primera vez que fui a China fue una aventura inesperada por completo. Aunque estaba muy marcado por la expectativa de hacer que fuera una travesía para recordar, un viaje lleno de mucha emoción, desde caminar por los pasillos de la Ciudad Prohibida, hasta correr sobre la Gran Muralla China... mucho más que eso era la adrenalina que bombeaba con fuerza por mis venas cuando se trataba de llevar el mensaje de Jesús a través de folletos de manera ilegal. Hay muchas historias que pudiera contarles, como persecuciones a pie escapando de la policía comunista, cuando a mi primo y a mi hermana les pusieron una daga al cuello, tener que comer víbora semicocida, etc., pero estas aventuras fascinantes las dejaré para otra ocasión. Lo que te quiero contar hoy no es tan emocionante como lo anterior; sin embargo, creo que tiene potencial para que lo leas.

Una de las primeras noches que estuve allí, tuve una conversación con uno de los personajes más increíbles que he conocido. Mi plática fue con el hermano Mac, así se hace llamar por seguridad para protegerse de los investigadores comunistas en China. Él ha decidido invertir su vida completa en este lugar. Dejó su país, su familia, sus pasatiempos, su carrera, incluso sus emociones, por ir a vivir a China y predicar el extraordinario mensaje de la cruz mediante la distribución de literatura ilegal. En realidad son folletos con el mensaje de salvación que plantean la oportunidad de obtener vida en abundancia en Jesús a través del perdón de pecados. Sin embargo, en China esto es considerado proselitismo que amenaza al comunismo establecido de aquella nación.

Aquella noche en la isla de Hong Kong, mientras nos alistábamos para entrar con folletos y Biblias a China, eran como las dos de la mañana y casi todo el equipo que iba conmigo se había ido a dormir. Estábamos hospedándonos en un edificio en el piso 22. Al mirar por la ventana se veía cómo llegaba a lo lejos una tormenta que pronto se convertiría en una capa tan densa de neblina que cubriría toda la ciudad. Esa noche comencé a platicar con el hermano Mac y hablamos sobre finanzas, nutrición, mercado global, el Apocalipsis, baloncesto y muchas otras cosas. Al final de nuestra conversación le pregunté:

— ¿Y dónde vives?

Él me respondió con una voz serena:

—Vivo donde estoy.

—Por un segundo pensé que me estaba haciendo una broma, pero pronto me percaté de que estaba hablando en serio. Quiso decir que donde esté su cuerpo, allí vive. Así que le pregunté otra cosa para buscar más profundidad en su premisa:

— ¿Dónde guardas todas tus pertenencias?

Se viró a la izquierda y señaló una maleta mediana con rueditas y una mochila al hombro, y me respondió:

— ¡Aquí!

Medio confundido, le volví a cuestionar:

—Pero… tu ropa, tus zapatos, ¿dónde los guardas?

En esa ocasión se acercó un poco a mí y mirándome fijamente a los ojos me dijo:

—Esto es todo lo que tengo.

Me quedé en silencio total buscando la manera de armar el rompecabezas en mi mente. Cuando el hermano Mac vio que yo no sabía qué decir, me dijo una frase que cambió mi cosmovisión de la vida. Él esperó unos segundos para asegurarse de que yo pusiera atención a lo que estaba a punto de decirme, puso su mano sobre mi hombro derecho y me hizo una pregunta con firmeza:

— ¿Qué puede necesitar un muerto en vida?

— ¡WOW! —le dije mientras él se ponía de pie y se iba a dormir.

Desde ese momento hasta el día de hoy esa pregunta ha sido parte de mi vida y la manera en que tomo los retos de la vida.

Los gálatas tuvieron la oportunidad de recibir este mensaje con un texto único que dice: «*He sido crucificado con Cristo, y ya no vivo yo sino que Cristo vive en mí. Lo que ahora vivo en el cuerpo, lo vivo por la fe en el Hijo de Dios, quien me amó y dio su vida por mí*» (Gálatas 2:20). Vivir por una causa más grande que tú mismo es lo que te llena de propósito. Y ese propósito está en ti, ¿cuál será la manera de alcanzar las ambiciones de un muerto en vida? Eso depende de cada quien. El viaje inesperado que tú estás haciendo no se compara al mío ni al de nadie más en el mundo. **Tu historia es única y la humanidad la necesita.**

VIVIR POR UNA CAUSA MÁS GRANDE QUE TÚ MISMO ES LO QUE TE LLENA DE PROPÓSITO.

Es bueno que tomes un tiempo para definir qué significa todo esto para tu vida. Llegar al punto de encontrar una ambición que tenga sentido te llevará a poder contestar preguntas esenciales como: ¿Para qué estoy aquí? ¿Qué es lo que estarías dispuesto a hacer el resto de tu vida sin cobrar dinero? ¿Qué es lo que me llena? Las próximas líneas solo son unos pequeños consejos que he adoptado y que me han ayudado mucho para descubrir cosas inesperadas en mi vida.

Encuentra la ambición por la cual darías todo ¡e involucra a la gente a tu alrededor! Busca un diario y plasma un plan para lograr lo que pretendes. Tener un diario se convierte en un termómetro para los años y te ayudará a ver si vas por el camino correcto. Escribe tus ideas, lo que te gustaría lograr antes de morir físicamente. Poner en papel y pluma es un diseño que te recuerda constantemente ¡y te ayuda a ver con claridad el mapa que debes seguir!

No será nada fácil el camino, pero cuando sabes que en algún momento tendrás que enfrentar diversos conflictos, te ayuda no perder el enfoque ni la motivación, y en cada oportunidad que tengas comparte tu historia, muchas personas necesitan escucharla para obtener fuerza. Te quedarás sorprendido de lo que tu historia puede hacer en la vida de otra persona. **Los límites están en lo que tú permitas que tu mente decida.** ¡Recuerda que tu corazón debe ser más fuerte que tu mente!

Cuando por primera vez entré a competir en un triatlón llamado IRONMAN, que consta de 3,86 km de natación, 180 km de ciclismo y 42,2 km corriendo, aprendí que nuestro cuerpo tiene la tendencia a ser más débil que nuestras ganas de llegar a la meta. Cuando mis pies ya no podían, solo me recordaba yo mismo: «Si duele es porque todavía estoy vivo; y si estoy vivo, ¡puedo llegar a la meta!» Solo terminé ese triatlón para saber que hay más en los que tengo que competir, más maratones que correr, más desafíos que conquistar, ¡más conflictos que resolver!

Alguien a quien yo admiro profundamente es un señor que perdió la vista a los 8 años de edad, sin embargo fue a la universidad, sabe hablar múltiples idiomas, está casado. Su ceguera no le robó la vida, solo le amplió las posibilidades y acentuó las oportunidades. Recientemente me mandó un correo electrónico (así es, ¡mi amigo Guillermo Aguirre estando ciego usa una computadora!). Me mandó un poema que me gustaría compartir contigo:

QUIERO SER- VERDADERO, PORQUE HAY
AQUELLOS QUE EN MI ESTÁN CONFIANDO.

QUIERO SER- PURO, PORQUE HAY
AQUELLOS QUE TIENEN CUIDADO.

QUIERO SER- FUERTE, PORQUE
HAY MUCHO QUE SUFRIR.

QUIERO SER- VALIENTE, PORQUE
HAY MUCHO A QUE ATREVERSE.

QUIERO SER- AMIGO DE LA VIDA, DEL
ENEMIGO Y DEL DESAMPARADO.

QUIERO SER- DADOR, Y
OLVIDARME DEL REGALO.

QUIERO SER- HUMILDE, PORQUE
YO CONOZCO MI DEBILIDAD.

QUIERO- YO QUIERO VER HACIA ARRIBA,
QUIERO AMAR, QUIERO REÍR, QUIERO.

RECATAR ¡Y QUIERO INSPIRAR!

(Autor desconocido)

LA CAUSA INVISBLE DE LA VIDA

«Puedes actuar dejando el miedo atrás»

«…somos totalmente innecesarios para muchas personas, ¡fantástico! Pero sería un fracaso si no estoy para los que sí me necesitan…».

@JuniorZapata

Los actos más sencillos de la vida son los que más impacto tienen, pero se han vuelto tan cotidianos que los dejamos a un lado. Y esas son las cosas que nos recuerdan que nuestro corazón late con ganas de darnos vida para dar vida. ¿Cuál es la causa que le da empuje a tus acciones? ¿Cuál es la razón por la que sueñas? ¿Cuál es tu intención de luchar por algo? El gran promedio de jóvenes contestaría estas preguntas con argumentos egocéntricos, con ideas razonables que solo giran alrededor de ellos. Y seamos honestos, nosotros en algún momento también hemos pensado así. Sin embargo, la carrera de satisfacer lo que nuestro «yo» quiere es una carrera interminable, cara y solitaria. Si tomas ese camino, es muy probable que logres tus objetivos, pero al final del día habrás perdido lo más valioso.

Jesús plantea uno de los pensamientos más revolucionarios al respecto diciendo: «*El que encuentre su vida, la perderá, y el que la pierda por mi causa, la encontrará*» (Mateo 10:39). ¡BINGO! Allí está la única causa que vale la pena, la única bandera por la cual dar la vida, ¡el único puente que sí te lleva al otro lado! La causa en la que inviertas tus recursos, tus emociones y tu energía se convertirá en tu

legado. ¿Qué mejor que al final de nuestros días nuestro legado se sume a lo que Jesús hizo por la humanidad? Lecrae «rapea» así: «Me niego a desperdiciar mi vida, aquí están mis talentos y mi tiempo, destinado estoy para la eternidad por gracia. ¿Cómo podría vivir por menos? Jesús, me hago voluntario de tu causa, me jacto de tu cruz, me jacto de la luz del sol de justicia que cambió mi vida. Vivo para mostrar tu gloria, ¡muero contando tu historia! ... y tú mi amigo, no desperdicies tu vida...». Toma la causa de la cruz, conviértela en tu causa y VIVE tu causa. Vive por algo más grande que tú, otros antes que tú mismo. Sirve para la causa de Jesús.

En una isla alejada de la sociedad moderna, la mañana de aquel día estaba nublada en lo más denso del archipiélago de Kuna Yala, donde viven «los Kuna». Terminamos de empacar nuestras mochilas para desafiar las olas del Océano Atlántico. En lo que todavía era una mañana a media luz, bajamos de la cabaña donde dormimos esa noche para tomar una vereda muy pequeña, un laberinto que atravesaba cientos de chocitas de palo, y llegamos a la orilla de la isla. Descubrimos que viajaríamos en un bote de troncos medio viejito que medía como 6 metros de largo ¡por un metro de ancho!

En el momento fue muy emocionante abordar y escuchar el pequeño motor, todos nos pusimos chalecos salvavidas y salimos flotando sobre un mar muy sereno. Nuestra verdadera sorpresa llegó cuando nos notificaron que estábamos en las aguas entre tierra firme y la isla, ¡solo para tomar rumbo a mar abierto! Unos minutos después se comenzó a sentir un poco más la fuerza de la marea. Emprendimos nuestra navegación, que duraría dos días, y durante la cual pararíamos en distintas aldeas para compartir con la gente hermosa de aquella región del mundo. Después de dormir pocas horas en unas hamacas (y hablando de dormir, me gusta decirles a mis amigos: «El que duerme más, vive menos». Así que despiértate, duerme menos ¡y vive más!), amanecimos sobre aquella playa y salimos al mar una vez más. Después de algunas paradas llegamos al final, la última parada, una pequeña comunidad donde pasamos un par de horas. Casi al terminar nuestra visita logré detectar a lo lejos a un par de mis amigos que entraban a una de las chozas. Me acerqué sutilmente para no causar distracciones. Cuando logré mirar un poco hacia adentro, vi a mis amigos Tolentino y Jazziel de rodillas abrazando a un señor que estaba paralizado sobre una silla, casi inmóvil. Recordé algo que les había dicho a los jóvenes cuando comenzó este viaje:

"LA GENTE DEBE VER EN NOSOTROS QUE NUESTRO DIOS, AL SER AMOR, ES ALEGRÍA Y FELICIDAD... NO SOLO SERMONES Y REGAÑOS".

Ese momento trascendió las líneas de tiempo y espacio, ¡el amor triunfó!

Llegó el momento de despedirnos y regresar a nuestra base donde estaba el resto de nuestro equipo y allí fue donde conocimos la furia del Atlántico. Al salir del pequeño muelle teníamos que pasar el área donde rompen las olas para seguir navegando. Los próximos minutos son difíciles de describir, al entrar a las olas la canoa en la que viajábamos parecía un barquito de papel. Se podían ver olas que venían con más altura de la que nosotros teníamos. Por momentos parecía que alguna de esas inmensas olas nos pudía cubrir, pero pasaba por debajo de nosotros, nos alzaba y volvíamos a bajar. En realidad sentíamos que la marea nos arrastraba mientras luchábamos por adentrarnos para poder navegar fuera de esa corriente de agua. Yo estaba en la punta y desde allí podía ver la cara de preocupación de algunos de mis amigos. Al fondo estaba el súper capitán muy concentrado en su trabajo, pero tranquilo. **Cuando vives por una causa que vale la pena, corres riesgos por otros.**

Aquella tarde, por compartir el amor de Jesús, tuvimos la oportunidad de ser incontenibles. Cuando se trata de hacer algo bueno por otras personas ¡debemos ser incontenibles! Llegar hasta las últimas consecuencias para servir le da sabor y dirección a nuestras acciones. Si se trata de amar como Jesús amó, nunca pierdas tu apetito por un poco de riesgo. Eso fue lo que Jesús hizo. En vida llegó a las necesidades de la gente que encontraba en su camino, y con su muerte pagó el precio de nuestra salvación. Si Jesús vivió solo para eso, ¿no crees que las motivaciones de nuestra vida y nuestras ambiciones en la tierra se puedan sincronizar con su ejemplo?

Mi abuelo Daniel Ost decía: «Necesitamos marcapasos marca "Jesús"; lentes de contacto marca "Jesús", y audífonos marca "Jesús"… Necesitamos marcapasos marca "Jesús" para que nuestros corazones sean conmovidos por las cosas que mueven el corazón de Dios. Necesitamos lentes de contacto marca "Jesús" para que podamos ver a la gente como él la ve. Necesitamos audífonos marca "Jesús" para que nuestros oídos puedan oír claramente su voz y las voces, llantos y suspiros de los moribundos». **Necesitamos una causa invisible que nos llene de razón para hacer lo que hacemos.**

En los premios Grammy de 2012 Juan Luis Guerra tomó el escenario como solo él lo sabe hacer. Su inconfundible ritmo y carisma puso a todos en Las Vegas de pie a bailar. Cuando ves el video de aquel momento te das cuenta de que esa transmisión llegó a todo el mundo, millones de personas escucharon que «En el cielo no hay hospital». Sí, fue una gran actuación de un fenomenal cantante, pero en el fondo personalmente creo que Juan Luis tenía una causa invisible por la cual eligió esa canción y aprovechó una gran oportunidad para impactar de manera invisible al mundo entero, ¡en medio del caos llegó con una invasión de salud y esperanza!

Tú eres la cuerda de salvamento para alguien a tu alrededor y debes tomar en cuenta que la comodidad te puede hacer insensible a la oportunidad que tienes ante la necesidad de alguien. Chuck Girard, en una excepcional canción, lo dice así: «No le dispares al que está herido, te necesita más que nunca. Necesitan nuestro amor sin importar lo que hayan hecho, a veces solo condenamos sin tomar el tiempo de escuchar su historia». En realidad, no se necesita mucho para cambiar la vida de alguien; para alegrar la tarde de algún amigo convierte tu vida en una agencia de rescate para corazones rotos y necesitados. El pulso de tu destino depende de lo que haces por otros. Como dice mi amigo chileno Lianggi: «Vive X Más».

Vivo en una ciudad impresionante, fabulosa por su historia, extraordinaria por sus luces, fenomenal por su cultura ¡y única por su gente! ¡Amo mi ciudad! Claro, tenemos muchos problemas y son problemas gigantes: violencia, corrupción, adicciones, asaltos, secuestros, etc. La lista podría continuar por mucho tiempo. Hace unos años, ante estos desafíos, comenzamos algo muy sencillo que nos recuerda hacer algo por nuestra ciudad. De ser una causa para nuestra ciudad, la llevamos a nuestro país; de allí fuimos a otros países con esta causa y hoy esta oportunidad está a tu alcance.

Una tarde en un concierto hablamos de todas las cosas negativas a nuestro alrededor. En efecto, nos aterran e intimidan estos desafíos, pero sabes… «¡somos mejor que esto!». En un mundo lleno de malas noticias dejemos de señalar a otros. Si estás rodeado de malas noticias, tienes una gran oportunidad de hacer algo que se convierta en Buenas Noticias. No esperes a que alguien más haga lo que es tu idea. Tenlo por seguro, si tú no te mueves por temor, por duda, por lo que sea, alguien lo hará. El desafío que te quiero hacer es este: busca un listón o cinta blanca, sencillo, que no tenga nada impreso. Póntelo en el brazo y así recuerda que la causa de tu vida es mucho mayor que tú mismo. Y que cada vez que lo veas puedas ser mejor al vivir al máximo haciendo algo por otros.

NO TE CONFUNDAS, EL MUNDO NO SE CAMBIA DESDE UN ESCENARIO, SE CAMBIA UNA PERSONA A LA VEZ. ASÍ QUE ¡TÚ ERES LA PERSONA QUE NECESITAMOS PARA QUE EL MUNDO CAMBIE!

Únete a la conversación virtual con miles que ya tienen un listón blanco y están cambiando el mundo ¡una persona a la vez! En Twitter con algunas de estas etiquetas #LlevoVida #SomosMejor #MejorQueEsto #BuenasNoticias #ListonBlanco o en Facebook únete a: www.facebook.com/SomosMejorQueEsto

Hay cosas muy malas en el mundo pero tú y yo: «¡Somos mejor que esto!». ¡Únete ya! Ponte un listón blanco y comparte las «Buenas Noticias» que le estás llevando a tu galaxia.

ERES INVISBLE
PERO CREO EN TI

«Puedes sentir que su poder está en ti»

«...el viento roza mi cara, mientras el miedo grita en mi interior, nunca lo lograrás pero te vuelvo a oír hablando a mi corazón diciendo, nada te pasará y yo te creo a ti...»

@EdgarLira

A las afueras de la Ciudad de México se encuentra un pequeño volcán en la población de Tlalmanalco que estuvo activo en algún momento después de la creación. Un día mi papá (@Timothy_P_Ost) me invitó a ir a caminar, ¡así que lo desafié a que fuéramos a subir este volcán! Lo menos que imaginaba yo era que cada paso que dábamos en aquel paseo me llevaría a tomar decisiones que cambiarían mi vida. Algo que me impacta grandemente de mi papá es la capacidad que tiene de creer en mí: en días malos y buenos, en victorias y en derrotas, en alegrías y tristezas. Se ha convertido en el héroe que siempre está a mi lado para impulsarme. Creer en alguien de manera genuina se convierte en una catapulta que lanzará con fuerza a cualquier persona para darle significado a su vida.

La catapulta más potente del mundo es el Espíritu Santo. Él cree en ti más que cualquier otra persona en el mundo. Sin embargo, es una relación que no logramos aprender cómo cultivar. Hay muchas ideas de cómo conocerlo más. Existen muchas expresiones de lo que él es, pero debes entender algo: el Espíritu Santo es inmensamente creativo, así que la única manera de realmente descubrir lo que él puede hacer como tu aliado depende de ti y de la importancia que le des en tu vida. No depende de lo que veas que hace en la vida de otra persona, sino en la expectativa de que haga algo en ti, las ganas de caminar con él. El Espíritu Santo te quiere recordar quién eres, ¡eres alguien a quien él ama! Que no se te olvide que le perteneces a él. Él es nuestra esperanza viva, ninguna relación en el mundo vale más que la que puedes llegar a descubrir con él. El mejor lugar para que esto suceda es en lo privado, donde a solas tú lo experimentas por ti mismo. Para mantener con vida mi relación con él me gusta recordar lo siguiente: Cuando haces ejercicios y sudas no significa que estás bajando de peso o que estás en buena condición física. Igual es con el Espíritu de Dios, el hecho de que llores o sientas algo lindo no garantiza que tengas una relación con él. Es fácil sentirlo pero otra cosa es vivirlo. Lo sientes en un evento, causado por un momento específico, pero lo vives cuando entiendes que él estudia, camina, se divierte, ¡canta contigo! Está interesado en creer en ti los 86.400.000 milisegundos de cada día. Cree tanto en ti que no le interesa alejarse de ti nunca. ¡Saber que existe alguien que cree en ti a esa magnitud! Te hago una pregunta, ¿no crees que vale la pena descubrir e invertir en esta extraordinaria amistad? En Tesalonicenses encontramos una directriz simple para lograr esto, lee este escrito: «*Nosotros, en cambio, siempre debemos dar gracias a Dios por ustedes, hermanos amados por el Señor, porque desde el principio Dios los escogió para ser salvos, mediante la obra santificadora del Espíritu y la fe que tienen en la verdad. Para esto Dios los llamó por nuestro evangelio, a fin de que tengan parte en la gloria de nuestro Señor Jesucristo. Así que, hermanos, sigan firmes...»* (2 Tesalonicenses 2:13). Por más logros que puedas tener por ti mismo, nada valen si lo lograste por tus propios medios. Es difícil mantenerse firme cuando todo parece estar en contra nuestra. Pablo continúa diciendo: *«... y manténganse fieles a las enseñanzas que, oralmente o por carta, les hemos transmitido. Que nuestro Señor Jesucristo mismo y Dios nuestro Padre, que nos amó y por su gracia nos dio consuelo eterno y una buena esperanza, los anime y les fortalezca el corazón, para que tanto en palabra como en obra hagan todo lo que sea bueno».*

¡VAMOS! ¡DESCUBRE POR TI MISMO CÓMO ESTA AMISTAD CON EL ESPÍRITU DE DIOS TIENE EL POTENCIAL DE AUMENTAR EL PULSO DE TU DESTINO Y CATAPULTARTE A OTRA DIMENSIÓN!

¡Te darás cuenta de lo real que es! ¡Vale la pena! ¡Invierte en el más grande amigo del mundo!

Una noche llena de una neblina sutil llegué a San Miguel de Allende con un grupo fascinante de amigos. San Miguel de Allende es el lugar donde se gestionó el comienzo de la lucha por la independencia de México. En aquel pueblo comenzó algo que cambió la historia de toda una nación. Cuando llegamos, ellos no tenían la menor idea de lo que íbamos a hacer, pero yo tenía un plan muy claro en mente.

Estuvimos caminando por esas calles empedradas hasta que los llevé al lugar físico donde se dio el grito por la independencia y comenzó la lucha. Les pedí que se sentaran mientras les contaba un poco de cuánto significaba ese lugar y lo que había sucedido allí. Pero lo más intenso de la noche comenzó cuando terminé de hablar de lo que había sucedido y comencé a despertar en sus corazones lo que iba a pasar. Les dije: «Aquella época tenía sus problemas y desafíos, los cuales son otro mundo diferente del panorama que tú y yo tenemos frente a nosotros». La noche comenzaba a ser más fría con cada minuto que pasaba en aquella plaza, pero los incomodé al pedirles algo arriesgado. Les pedí lo siguiente: «Justo estoy parado en el lugar donde aquella noche se paró un grupo de valientes para expresar lo que veían en su nación y la razón por la que lucharían hasta el fin. Hoy vuelve esa oportunidad de ganarles a las problemáticas de nuestra generación y desafiarlas, así que... ¿quién está listo para alzar la voz y decir con fuerza cuál es la causa por la que su vida luchará?» Me hice a un lado para ver qué sucedería.

En pocos instantes comenzaron a pasar uno por uno a expresar la causa de su vida, esa noche se expuso un movimiento ¡qué va cambiar la nación! Muchos de ellos hoy quizá no se acuerdan de lo que dijeron aquella noche, pero sí recuerdan que en el lugar donde se estableció un país ellos plasmaron su ambición por ver una generación distinta. Al terminar miré a los ojos de cada uno de ellos para decirles que ¡creo en ellos! Así que no tienen excusa alguna para no lograr lo que hay en su corazón.

Quizá muchas veces te has sentido solo, sin fuerza ni motivación para seguir tu lucha. A tu alrededor hay alguien que cree en ti, hay algún líder interesado en ver que te pongas de pie. ¡La mejor manera de encontrar a ese «alguien» que cree en ti es que tú comiences a creer en alguien! Y cuando encuentres a esa persona, mírale fijamente a los ojos y dile: «Creo en ti, ¡vamos!».

Una pregunta importante que quizá no puedas contestar en este momento, pero que debes tener en mente todos los días, es: ¿Qué ve Jesús en ti? Cuando Jesús se encontró a Pedro con las redes, ¿qué vio? ¿Un hombre que apestaba a pescado? Cuando vio a Nicky Cruz, ¿vio a un asesino? Cuando vio a Juan Luis Guerra ¿vio a un depravado moral? Cuando vio a Kaká ¿vio un jugador de fútbol? NO… En Pedro vio la pesca milagrosa… En Nicky Cruz vio un evangelista… En Juan Luis Guerra encontró una voz y vio una excusa para llegar a millones… en Kaká vio un embajador… ¿Qué es lo que ve en ti?

En una conversación de algunos conocidos «líderes de opinión» surgió el tema de la «creatividad» y algunos de ellos optaron por plantear que en esta generación digital hemos perdido capacidad. Así que ellos dicen que pintores como Picasso, músicos como Beethoven, inventores como da Vinci ya no existen, que ya no hay. Esta conversación tiene un sentido profundo de desolación en contra de la juventud actual. El argumento de algunos de ellos es tan absurdo y sin fundamento… pero por momentos muy convincente. Muchas personas alrededor del

mundo han perdido le fe en esta generación. Es muy probable que tú hayas sentido que nadie cree en ti. Sin embargo, te tengo buenas noticias, ¡SÍ HAY! Hay una generación excepcional con capacidades de superar a Picasso, Beethoven y da Vinci. Y tú eres parte de esa fenomenal generación, así que: «Este es el plan, creo que ya sé qué tenemos que hacer… La vida es fácil, cuando solo estás sentado a la sombra, no eres ni muy caliente, ni demasiado frío… eso es lo que puedes ser… Pero creo que estás listo para ir. No te detengas hasta que "todo el mundo sepa"… Este es el propósito de la vida. ¡Esta es la razón por la que estamos vivos! No hay tiempo que perder, actívate… ¡ACTÍVATE!», como dicen con el rock los Stellar Kart.

Mi amigo Christoff siempre ha sido alguien lleno de inquietudes e ideas, pero no pasaba más allá de solo intenciones hasta que un día en Cuba, fuera de su zona de comodidad, abrió su corazón para platicar conmigo sus ganas de pasar del solo hablar al actuar. Su honestidad en ver que algo le hacía falta lo llevó a saber que tenía que hacer algo al respecto. Y ahora veo en él actividad hiperactiva constante que impacta a todos a su alrededor. Este es un ejemplo del milagro de creer en alguien ¡y que alguien crea en ti! Y esa relación se da a la perfección entre Dios y tú.

Pablo Le´Cass en la canción «Melodía de mi vida» expresa, con arte, una conversación entre Dios y tú:

OH, CUANDO CIERRO MIS OJOS,
¡TE VEO ADENTRO DE MI MENTE!

OH, CUANDO VEO LAS ESTRELLAS,
¡CANTO LA MELODÍA DE MI VIDA!

AHORA VOY A VER, AHORA ES
QUE DIRÉ, LAS COSAS QUE NUNCA
ANTES TE HABÍA DICHO.

AHORA VOLAREMOS, ¡AHORA
HAREMOS QUE SUCEDA COMO NUNCA
IMAGINAMOS QUE LO HARÍAMOS!

CANTO LA MELODÍA DE MI VIDA,
¡CANTO LA MELODÍA DE MI VIDA!

AHORA CANTO A TI, A TI...CREADOR...

(«Melodía de mi vida» de Pablo Le' Cass)

Si pudiera decirte cuál es el combustible para seguir creyendo te diría: Disfruta las actividades que te apasionan. Aviéntate de un avión. Respira profundo, deja el celular en casa y sal a caminar. Escucha música, súbele el volumen. Adora a Dios: cierra los ojos, déjate llevar en asombro por él. (Jesús está donde lo adoran; aprende a honrarlo y darle gloria. Allí él te encontrará en cada etapa de tu vida para estar a tu lado. No dejes de darle el lugar que le pertenece). Improvisa una vez al día. Sé un campeón mundial como mi amigo Fabián. Mantente fuerte, nunca te rindas. Haz ejercicio: ¡corre un maratón! Mantén tu cuerpo saludable. Evita las mentiras. Busca aventura, sal de la rutina. Trabaja, no pierdas la batalla ante la haraganería y la flojera. Aprende de todo. Mi amigo Pepe Pinete para todo tiene una buena aplicación de aprendizaje. Comparte, es más lindo dar que recibir. Despega, llega hasta donde logras ver. Cree, la fe te mantiene alerta. Disfruta a la gente que amas. Como dice mi hermano Kris Marcus: «Con mi familia, ¡que venga otro brownie!».

Cuida el carácter, que seas la misma persona en la luz como cuando nadie te ve. Piensa creativamente, explora todas las posibilidades. Ora, platica con Dios… te responderá. Sé agradecido, aprovecha cada oportunidad que tengas para decir ¡GRACIAS! Ama y di «te amo». Haz más que solo sobrevivir… ¡VIVE! ¡Te reto! Cuesta trabajo transmitir por medio de estas líneas la intensidad que siente mi corazón al platicar contigo, pero si te tuviera frente a mí te miraría a los ojos para ponerte los nervios de punta y captar tu atención y te desafiaría al decirte: «¡VIVE!».

Te cuento una historia más, y para mí es la historia más importante de todo este libro. Es la historia de alguien a quien yo admiro y amo profundamente, alguien que va a cambiar el mundo ¡y eso te lo puedo garantizar! Esta magnífica persona es tan increíble, y en su travesía por la tierra luchó, sufrió, perdió, ganó, disfrutó, perseveró y llegó a la meta. Esa persona a quien admiro eres tú, así que en este momento, concibe la historia de tu vida. El final de este libro es justo cuando todo comienza. Ponle fin a las cosas que te han quitado vida. Y el fin es donde comenzamos. Para mí lo más increíble de todo lo que he dicho es que este no es el fin de un libro, más bien aquí comienza… en lo que tú vives, en la vida que tú escribes. Así que escribe.

Había una vez…

DEDICATORIA

A:
Katia,
mis padres,
Naomi, Joy, Damaris.
Todos los jóvenes y adolescentes en la Vía Láctea.
Todos los que han subido una montaña a mi lado y los que faltan.
A una generación ambiciosa por cambiar al mundo.

101 preguntas difíciles, 101 respuestas directas

E

PREGUNTAS DIFÍCILES

101

RESPUESTAS DIRECTAS

LUCASLEYS

Editorial Vida

Ninguna religión
Cómo cuidar tu vida interior

101 preguntas difíciles,
101 respuestas directas

PASAPORTE

DIOS TE INVITA A SU AVENTURA

MISIONES PARA UN NUEVO MILENIO

Editorial Vida   ANDRÉS CORRALES Y ELIEZER RONDA

Desafía al futuro

DESAFÍA
—AL FUTURO—

ALGUNOS SUEÑAN
CON EL FUTURO
QUE QUIEREN TENER

OTROS LO CONSTRUYEN

PAOLO LACOTA

Editorial Vida

El Código
de la Pureza

LUCAS LEYS.
JIM BURNS.

EL CÓDIGO
DE LA PUREZA.

EL PLAN DE DIOS PARA DISFRUTAR TU SEXUALIDAD

*Santidad
+ Jesús
= Vida Mejor*

 Editorial Vida

EI

Ninguna religión
Cómo cuidar tu vida interior

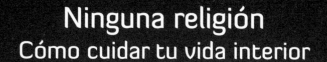

BIBLIA G3
de Crecimiento Juvenil

Nueva Versión Internacional